PILATES
PARA VOCÊ

UM GUIA COMPLETO PARA PRÁTICA DE PILATES EM CASA

Exercícios passo a passo para saúde e bem-estar

Conforme o Novo Acordo Ortográfico

Ann Crowther
com Helena Petre

Pilates
para você
Um Guia Completo para Prática de Pilates em Casa

Exercícios passo a passo para saúde e bem-estar

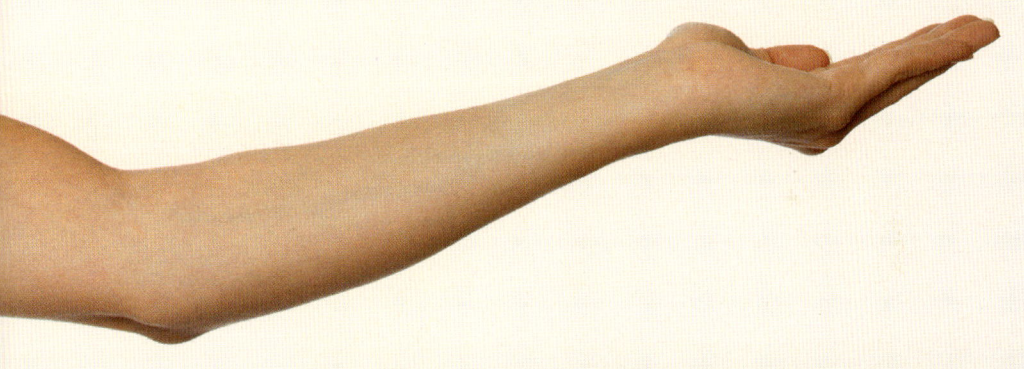

Tradução:
Selma Borghesi Muro

MADRAS®

Publicado originalmente em inglês sob o título *Pilates for You – The Comprehensive Guide to Pilates at Home for Everyone* por Duncan Baird Publishers Ltd.
© 2003, 2006, Dunacan Baird Publishers.
© Texto, 2003, 2006, Ann Crowther.
© Fotografia, 2003, 2006, Duncan Baird Publishers.
Diretos de edição e tradução para o Brasil.
Tradução autorizada do inglês.
© 2013, Madras Editora Ltda.

Editor:
Wagner Veneziani Costa

Produção e Capa:
Equipe Técnica Madras

Tradução:
Selma Borghesi Muro

Revisão da Tradução:
Aline Naomi Sassaki

Revisão:
Jane Pessoa
Maria Cristina Scomparini
Bianca Rocha

Dados Internacionais de Catalogação na Publicação (CIP)
(Câmara Brasileira do Livro, SP, Brasil)

Crowther, Ann
Pilates para você: um guia completo para prática de Pilates em casa: exercícios passo a passo para saúde e bem-estar/Ann Crowther com Helena Petre; tradução Selma B. Muro. – São Paulo: Madras, 2013.
Título original: Healthy Living: Pilates for you.
Bibliografia.

ISBN 978-85-370-0569-9

    1. Pilates (Método de exercícios físicos).
    1. Petre, Helena, II. Título.

10-01238   CDD-613.71

    Índices para catálogo sistemático:
    1. Pilates: Exercícios físicos: Promoção da saúde 613.71

É proibida a reprodução total ou parcial desta obra, de qualquer forma ou por qualquer meio eletrônico, mecânico, inclusive por meio de processos xerográficos, incluindo ainda o uso da internet, sem a permissão expressa da Madras Editora, na pessoa de seu editor (Lei nº 9.610, de 19.2.98).

Todos os direitos desta edição, em língua portuguesa, reservados pela

MADRAS EDITORA LTDA.
Rua Paulo Gonçalves, 88 – Santana
CEP: 02403-020 – São Paulo/SP
Caixa Postal: 12183 – CEP: 02013-970
Tel.: (11) 2281-5555 – Fax: (11) 2959-3090
www.madras.com.br

"Seja qual for o seu sonho, ou o que queira fazer, comece.
A ousadia é feita de genialidade, poder e magia. Comece já."

Johann Wolfgang von Goethe, 1749-1832

Para minhas lindas e queridas filhas, Francesca e Georgina

ÍNDICE

Introdução	8
A história de Joseph Pilates	10
Como usar este livro	12
O Programa de Bem-Estar	14

Os fundamentos — 19
Descobrindo-se no espelho — 20
A forma Pilates de respirar — 26
Encontrando o equilíbrio — 28
O assoalho pélvico — 30
O que é estabilidade central — 32
Os abdominais profundos — 34

CAPÍTULO 1: ●○○
Exercício Pilates Plus — 37
Aquecimento — 38

Tonificação abdominal — 41
Aquecimentos abdominais — 42
Abdominais vigorosos — 44
Abdominais totais — 46
A borboleta — 48
Arcos abdominais — 50
Abdominais para modelar a cintura — 52
O inseto — 54
Alongamentos abdominais — 56

Costas fortes — 59
Aliviando a tensão do pescoço e dos ombros — 60
Estabilidade da parte superior das costas — 64
Alimentando os pássaros — 68
Asas de anjo — 70
A sereia — 72
Tonificação lombar — 74
A ponte — 76
Trabalhando as costas por inteiro — 78
Alongando as costas — 80

Membros flexíveis — 85
O manguito rotador e os deltoides — 86
Bíceps, tríceps e peitorais — 90
Alongando ombros, braços e peitoral — 92
Interno da coxa, externo da coxa e joelhos — 96
Quadríceps e isquiotibiais — 98
Coxas de Tobago — 100
Alongando perna e quadril — 102
Sequência Pilates — 104

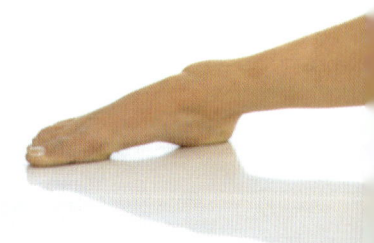

CAPÍTULO 2: ✦●●
Terapia alimentar — 109

Como comer — 111
O equilíbrio energético — 112
Vitaminas e minerais — 115
A fonte da juventude — 118
A experiência de comer — 121

As receitas — 125
Café da manhã vitalizante — 126
Almoços luxuriantes — 130
Jantares deliciosos — 134
Lanches e *smoothies* — 141
Quadro nutricional — 144

CAPÍTULO 3: ✦●●
Tempo para mim — 151

Autocura — 153
Mãos que curam — 154
Micromeditações — 156
Carregue as baterias de sua aura — 158

Vivendo positivamente — 163
Elevando a autoestima — 164
Rindo para a vida — 167
O poder da caminhada — 170
Desengavete seus sonhos — 174
Doces sonhos — 177

Agradecimentos — 180
Bibliografia — 182

Introdução

Juventude eterna – essa era a atraente promessa do treinamento físico do método Pilates que conheci aos 20 anos de idade, quando treinava em um estúdio da Califórnia. Apesar da curiosidade, deixei de lado o método Pilates, preferindo a aeróbica de alto impacto, que levei para a Inglaterra e comecei a ensinar. Naqueles dias impetuosos de exercícios intensos e treinamentos vigorosos tão em moda, não me dei conta de que um dia os exercícios Pilates iriam me libertar de um futuro destinado à cadeira de rodas e também me transformar em uma espécie de salva-vidas para inúmeros clientes.

O nascimento de minha primeira filha foi muito difícil, piorou meus problemas de coluna e me levou a uma depressão pós-parto. Foi então que comecei a ler sobre nutrição e descobri que a combinação de alimentação saudável e exercícios regulares poderia me tirar da escuridão. Esse foi o início de meu fascínio pelo bem-estar corpo-mente.

Doze anos atrás, na época mãe de duas crianças, tornei-me uma estudante veterana de Saúde e Boa Forma na Universidade East London. Mas, infelizmente, também fui ficando cada vez mais debilitada por causa da escoliose (curvatura anormal) da coluna. A opinião de minha fisioterapeuta era de que aos 50 anos estaria confinada a uma cadeira de rodas e que nada poderia ser feito quanto a isso. Recusei-me a aceitar seu prognóstico – esse *não* seria o meu futuro. Voltei minha atenção para os conhecimentos que tinha do sistema Pilates e comecei a introduzi-los gradualmente em minhas aulas de exercícios. Em poucos meses, não só meus alunos começaram a notar diferenças incríveis em seus corpos, mas, como por milagre, comecei a não precisar mais de tratamento quiroprático para minha escoliose! Hoje sou a terapeuta que os médicos de família, osteopatas, quiropráticos, ginecologistas e fisioterapeutas indicam para seus pacientes. Muitos desses profissionais comprovaram os benefícios de minhas aulas logo no início.

Joseph Pilates dizia: "é a mente que constrói o corpo". Após anos empregando e refinando uma técnica própria, creio que desenvolvi uma abordagem forte e estimulante de saúde e boa forma, que trata corpo e mente como um todo. Utilizando a técnica Pilates como base, incorporei minha própria filosofia – de que é preciso nutrir todo o ser. Viver não é apenas exercitar o corpo; é necessário também sentir prazer em se alimentar, desenvolver o poder da mente e conhecer e nutrir o lado espiritual.

Cada dia mais e mais clientes me procuram como a última esperança para um problema físico, como dores nas costas, ombros enrijecidos ou níveis drasticamente baixos de energia. Primeiro, examino seus estilos de vida, passado e presente, e então aplico a prática cinesiológica do teste muscular, pois acredito que os músculos refletem não apenas a força ou a fraqueza física da pessoa, mas também seu estado mental e emocional. Finalmente, desenvolvo um programa pessoal de estilo de vida para ajudar o cliente a resolver seus problemas.

Pessoalmente, tenho muito que agradecer a Joseph Pilates, pois foi por causa de suas técnicas que hoje tenho costas fortalecidas e livres da dor. Aos 45 anos, tenho o mesmo peso que tinha aos 18, e a forma e tônus de meu corpo melhoraram muito. Corro regularmente, gerencio meu próprio negócio, dou aulas *e* sustento minha família! Além disso, encontrei uma energia interior e uma alegria que nunca imaginei ser possível. Se você seguir os exercícios e conselhos para um estilo de vida nutricional que descrevo neste livro, também poderá ter uma vida mais saudável e plena. Experimente e descubra por si mesmo.

Ann Crowther

Nota do Editor

Antes de seguir qualquer orientação ou prática sugerida neste livro, é recomendável que consulte seu médico com relação à adequação do sistema para suas condições físicas e de saúde. Os Editores, a Autora, a Consultora Literária e o Fotógrafo não se responsabilizam por qualquer lesão ou dano resultante da prática dos exercícios constantes deste livro, ou pelo uso de qualquer técnica terapêutica nele descrita ou mencionada.

A História de Joseph Pilates

Joseph Pilates nasceu em 1880, nos arredores de Düsseldorf, Alemanha. Era uma criança doente e tuberculosa que se interessou por ioga, fisiculturismo, artes marciais e outros métodos possíveis que o ajudassem a melhorar a saúde e a forma física. Pilates desenvolveu um sistema revolucionário de exercícios – uma fusão holística das filosofias ocidental e oriental –, que chamou de "Contrologia" e que posteriormente ficou conhecido como técnica Pilates. Durante toda a vida Pilates se dedicou a explorar os esportes e os sistemas ligados à boa forma. Tornou-se um ginasta mundialmente reconhecido; destacou-se como boxeador profissional; e alcançou a perfeição como esquiador e mergulhador.

No início da Primeira Guerra Mundial, Joseph Pilates trabalhava na Inglaterra como instrutor de autodefesa dos detetives da Scotland Yard, mas foi preso por causa de sua nacionalidade. Determinado a manter seu programa de treinamento, Pilates projetou um meio simples de se exercitar, usando a resistência das molas de sua cama na prisão (uma versão moderna da cama de Pilates, a máquina Reformer, que ainda é usada hoje em dia nos estúdios de Pilates). A partir da cama, ele desenvolveu uma série de exercícios usando roldanas e pesos, e praticou-os todos os dias com um grupo de prisioneiros. Quando Pilates e seu grupo escaparam da gripe fatal que assolou a Inglaterra em 1918, ele concluiu que sua técnica também fortalecia o sistema imunológico. Isso o levou a desenvolver um interesse ainda maior na criação de exercícios que ajudassem na reabilitação de pessoas doentes ou feridas.

Depois da guerra, Pilates voltou para a Alemanha, onde se tornou instrutor da polícia de Hamburgo. Foi nesse país que ele entrou em contato com o mundo da dança e trabalhou ao lado de Rudolf von Laban, criador do sistema de notação de dança, amplamente usado pelos bailarinos hoje em dia. Ele também treinou muitos bailarinos famosos, cujos programas de treinamento intenso requeriam grande força e agilidade, sem aumento excessivo da musculatura.

Em 1926, durante a viagem marítima de emigração da Europa para os Estados Unidos, Pilates conheceu Clara, que iria se tornar sua esposa. Juntos abriram o primeiro estúdio Pilates em Nova York, dividindo o espaço com o Balé da Cidade de Nova York. Depois de chamar a atenção dos membros da elite social da nova cidade, sua técnica espalhou-se pelos profissionais do esporte, atores, atrizes, treinadores físicos, até ganhar o reconhecimento e a popularidade que desfruta até hoje. Pilates se manteve em grande forma e aos 80 anos ainda trabalhava como treinador. Morreu em 1967, aos 87 anos de idade.

Como Usar Este Livro

Este livro divide-se em três capítulos, desenvolvidos para fornecer um programa completo de estilo de vida.

No Capítulo 1, explico os princípios da técnica Pilates e incentivo você a dar uma boa olhada em si mesmo e em sua postura. Em seguida, vou guiá-lo suavemente para o programa de exercícios, que pode ser feito de forma fácil e segura em sua própria casa. Esses exercícios trabalham sistematicamente os principais grupos musculares do corpo. Dou grande ênfase à respiração correta, ao alinhamento, à técnica e ao alongamento dos músculos importantes após cada sequência de exercícios. É importante perceber que se, por um lado, a prática dos exercícios Pilates é desafiadora e exige comprometimento, por outro, os benefícios são incontáveis e incluem ganho de força muscular, sem ganho de massa; desenvolvimento de suporte estrutural correto para a coluna; e aprendizado de controle da respiração. Os exercícios também elevam os níveis de energia, aliviam a tensão física e mental, fazendo com que você se sinta renovado e calmo, com uma autoimagem mais positiva.

O Capítulo 2 traz receitas fabulosas para nutrição, boa saúde e, logicamente, prazer! Você não vai encontrar uma dieta emagrecedora. Ao contrário, mostro como chegar ao peso e corpo ideais sem negar o apetite. Incluo também uma seleção de minhas receitas favoritas para deliciosos cafés da manhã, almoços, jantares e lanches. É hora de embarcar em um permanente caso de amor com a comida!

No Capítulo 3, trato do lado metafísico, que geralmente é negligenciado, e mostro como alimentar e nutrir tanto sua mente e seu espírito quanto seu corpo. Você encontrará um guia de meditação, dicas de técnicas de autocura e um lembrete sobre a importância do riso franco (uma coisa comum em minhas aulas), assim como conselhos sobre como realizar seus sonhos e ter uma boa noite de sono.

Este livro é para todos – homens e mulheres, jovens e velhos, em qualquer nível de forma física. Se você iniciar meu programa enquanto for jovem, estará se dando um começo de vida mais saudável. Se for mais velho e menos preparado do que gostaria, não se preocupe, a ajuda está aí. É claro que, com a idade, perdemos flexibilidade, massa muscular e densidade óssea, mas meu sistema procura ajudá-lo a reverter o processo de envelhecimento, transformar sua aparência e a forma como se sente, injetando a força Pilates em seu corpo, mente e espírito. Com um pouco de esforço de sua parte, você encontrará um programa adequado que vai lhe trazer maravilhas físicas e mentais.

SÍMBOLOS USADOS NESTE LIVRO:

❗ Informação importante

◼ Nível iniciante

◆ Nível avançado

O Programa de Bem-Estar

Para ajudá-lo a usufruir o máximo deste livro, fiz um Programa de Bem-Estar que inclui os exercícios Pilates do Capítulo 1, a boa nutrição do Capítulo 2 e as mudanças positivas de estilo de vida do Capítulo 3. Com base na teoria de que leva de três a quatro semanas para desenvolver um hábito, preparei um programa que dura quatro semanas.

Você vai achar a primeira semana mais difícil porque terá de se adaptar a uma rotina diferente, exigindo também um pouco de preparação e planejamento antecipados. Contudo, uma vez completada a primeira semana, o restante será bem mais fácil e, no final do mês, os benefícios serão evidentes.

Se, durante o programa, você tiver uma festa ou um evento social, ou tiver de sair do programa por algum motivo, não se sinta culpado. Conhecer-se e desculpar-se ocasionalmente por pequenas extravagâncias faz parte do novo estilo de vida positivo que você está desenvolvendo. Simplesmente continue o programa no dia seguinte – os benefícios ainda estarão lá para serem colhidos.

1ª Semana

Corpo
- Na noite anterior ao início do programa, vá dormir meia hora antes; assim, na manhã seguinte, você poderá acordar meia hora mais cedo. Acerte seu relógio para despertar nesse horário.
- Durante essa meia hora extra que você ganhou pela manhã, saia para uma caminhada rápida (ver págs. 170-173).
- Siga o Programa Pilates de 10 minutos para Iniciantes (ver pág. 104).

Nutrição / Refeições
- Comece o dia tomando uma caneca de água morna com uma fatia de limão, seguido por um pedaço de fruta e dois copos de água fria.
- Prepare e tome seu café da manhã de acordo com as receitas das págs. 126-129. Saboreie cada bocado.
- No meio da manhã, tome um lanche ou coma uma fruta fresca.

- Após se exercitar, tome dois copos de água.
- Antes do almoço, tome dois copos de água.
- Prepare e coma seu almoço de acordo com as receitas das págs. 130-133. Sente-se para comer, longe do seu local de trabalho.
- Tome dois copos de água antes do jantar.
- Prepare e coma o jantar de acordo com as receitas das págs. 134-140.
- Arrume a mesa para o café da manhã seguinte.

Mente
- Antes de dormir, pense em algo positivo e importante que aconteceu durante o dia – pode ser algo que você tenha feito bem, ou uma linda flor que você viu, ou um cumprimento que recebeu de alguém. Sorria e cumprimente-se por um bom dia. Lembre-se de suas boas qualidades. Olhe para o futuro e para o novo e empolgante dia a seguir.

Estilo de vida
- Nesse final de semana, planeje uma longa caminhada com um amigo.
- Compre flores naturais para sua casa.

2ª Semana

Corpo
- Continue a se levantar meia hora mais cedo.
- Aumente o tempo de caminhada.
- Siga o Programa Pilates de 10 minutos para Iniciantes (ver pág. 104).
- Ao final, "carregue as baterias de sua aura" (ver págs. 158-159) para aumentar a energia.
- Faça cinco elevações do assoalho pélvico dez vezes por dia (ver págs. 30-31).
- Cada vez que levantar ou andar para qualquer lugar, "acenda seus faróis" (ver pág. 33).

Nutrição / Refeições
A mesma da 1ª Semana.
- Certifique-se de que três de suas refeições dessa semana contenham óleo de peixe.

Mente
- À noite, dedique 10 minutos diários para meditação.

Estilo de vida
- Nesse final de semana, assista a uma comédia ou leia um livro engraçado e ria até não poder mais.
- Compre flores naturais para sua casa.
- Crie uma afirmação pessoal (ver pág. 176).

3ª SEMANA

Corpo
- Continue a se levantar meia hora mais cedo.
- Aumente um pouco mais o tempo de caminhada.
- Siga o Programa Pilates de 30 minutos para Iniciantes (ver pág. 105).
- Ao final dos exercícios, "carregue as baterias de sua aura" (ver págs. 158-159) para aumentar a energia.
- Comece a tomar um bom suprimento diário de antioxidante.

Nutrição / Refeições
A mesma da 2ª Semana.
- Compre algumas frutas exóticas e vegetais incomuns – alguns que você ainda não tenha experimentado – e inclua-os em suas refeições.

Mente
- Aumente seu tempo de meditação para 15 minutos.
- Anote sua afirmação e coloque-a em um local em que possa vê-la, no espelho do banheiro ou no computador, e repita-a várias vezes.

Estilo de vida
- Nesse final de semana, compre flores naturais para sua casa e para alguém que você ama.
- Diariamente, presenteie alguém com um elogio sincero.

4ª Semana

Corpo
- Continue a se levantar meia hora mais cedo.
- Aumente mais um pouco o tempo de caminhada.
- Siga o Programa Pilates de 30 minutos para Iniciantes ou aumente para uma das sequências intermediárias (ver pág. 105-107).

Nutrição / Refeições
A mesma da 3ª Semana.
- Certifique-se de que esteja comendo devagar, saboreando a textura e o paladar de cada alimento.

Mente
- Aumente o tempo de meditação para 20 minutos.

Estilo de vida
- Celebre esse final de semana com amigos – convide-os para uma refeição e brinde o seu novo eu com uma garrafa de champanhe ou um vinho frisante.
- Compre flores naturais para sua casa e para alguém que você ama.
- Dê a alguém o presente de um cumprimento diário.
- Sorria para alguém a cada dia.

ANTES DE EMBARCAR NOS EXERCÍCIOS PILATES, VOCÊ PRECISA DOMINAR ALGUNS ASPECTOS BÁSICOS E PRINCÍPIOS-CHAVE DO MÉTODO PILATES.

COMECE DANDO UMA BOA OLHADA EM SI MESMO E EM SUA POSTURA. ENTÃO, DESCUBRA A FORMA PILATES DE RESPIRAR E AS TÉCNICAS DE MANTER A COLUNA NEUTRA E A ESTABILIDADE CENTRAL. ASSIM QUE TIVER COMPREENSÃO PLENA DESSES CONCEITOS, VOCÊ ESTARÁ PRONTO PARA INICIAR MEU PROGRAMA ESPECIALMENTE ADAPTADO DOS EXERCÍCIOS PILATES.

Os Fundamentos

★★★ Descobrindo-se no Espelho

Boa postura não significa simplesmente ficar de pé, com as costas eretas; parte é estado mental e outra parte, bons hábitos e prática. A saúde de cada sistema corporal depende disso. A recompensa inclui energia plena e vitalidade – um estímulo para uma vida cheia de beleza e saúde. Antes de iniciar qualquer programa de exercícios, é importante dar uma boa olhada em sua postura.

Coloque-se em frente de um espelho de corpo inteiro, de preferência usando somente a roupa de baixo, e observe sua postura natural, tanto de frente como de lado. Use outro espelho para ver a parte de trás de seu corpo. O que você vê? Os dois lados de seu corpo estão equilibrados? Um lado do quadril ou ombro está mais alto que o outro? A parte superior das costas está arredondada? Cabeça e pescoço estão projetados para a frente?

O estilo de vida moderno, em que ficamos sentados o dia todo, em geral curvados sobre computadores, pressiona o topo da coluna, causando dores nas costas, no pescoço e na cabeça. Seus ombros caem para a frente ou parecem tensos e elevados? De modo oposto, adotar uma postura militar, com a coluna ereta e ombros puxados para trás, causará tensão nas costas e consequentes dores nas costas.

E seus braços? Eles devem estar soltos, com as palmas das mãos voltadas para as coxas. Se as palmas estiverem voltadas para trás é um indício de que os músculos peitorais estão tensos, puxando os braços para dentro. Você tem uma curvatura acentuada na lombar, que faz com que seu abdome se projete para frente e o quadril para trás?

Em seguida, observe suas pernas. Elas estão retas? Estão tão alongadas que seus joelhos estão empurrados para trás e travados? Ou seus joelhos estão voltados para dentro? Seus pés estão voltados para fora? (Dê uma olhada nos sapatos que você mais usa. Estão mais gastos de um lado do que do outro? Se estiverem, você deve estar "virando" os pés para andar.)

Agora coloque uma cadeira em frente do espelho e sente-se normalmente. Observe o jeito como você está sentado. Olhe a composição e o formato de seu corpo. Está firme e tonificado? Os músculos estão definidos?

Considere agora outros fatores, como o tom da sua pele. Você tem um aspecto saudável e uma boa aparência? Seus olhos são límpidos e brilhantes? Seus dentes são brilhantes? Seus cabelos são reluzentes e suas unhas, fortes? Agora, gaste alguns minutos pensando em si. Você está contente consigo mesmo, com seu estilo de vida? Que imagem você passa para as pessoas?

Pode ser que você não esteja satisfeito com o que está vendo, mas não desanime, porque você pode melhorar e mudar sua forma de maneira radical, simplesmente posicionando-se de modo correto. Se você praticar as técnicas posturais Pilates que descrevo, mesmo que seja por alguns minutos, três vezes ao dia, você colocará seu corpo em ótimo estado de saúde. Você também terá mais flexibilidade, sua respiração se aprofundará, sua circulação sanguínea será estimulada, sua digestão vai melhorar e você terá mais energia. Seu corpo ficará mais firme e você perderá medidas!

Acredito que a postura Pilates é a mais benéfica para o corpo. Você vai notar resultados ainda mais rápidos se praticar a postura antes de iniciar a sessão de exercícios, porque, quando seu corpo está alinhado, todos os exercícios e alongamentos serão ainda mais eficazes e corretivos.

Um benefício extra é que uma boa postura melhora sua presença física. Imagine-se entrando em um ambiente de forma desleixada – você dificilmente será notado. Agora, visualize-se entrando em um ambiente com a postura Pilates. Que diferença! Você exala confiança, sendo uma força com que se pode contar.

A POSTURA PILATES

1. De pé, pés paralelos, afastados na largura dos quadris, solas dos pés bem apoiadas no chão. Solte os joelhos, de forma que não fiquem nem travados nem flexionados – apenas relaxados.

2. Alinhe o centro de forma, ou músculos centrais, elevando os ossos do quadril suavemente em direção às costelas e empurrando o umbigo em direção às costas.

3. Inspire profundamente pelas narinas, expandindo a caixa torácica. Expire em um suspiro – isso vai afunilar as costelas em direção ao quadril e endireitar as costas. Puxe a parte superior do corpo suavemente para cima.

4. Relaxe os ombros! Experimente comprimir as omoplatas e solte-as levemente, expirando bem devagar, para ajudar a relaxar.

5. Olhe novamente seu perfil e imagine uma linha reta descendo de sua orelha, pelo meio do pescoço, braço, meio da coxa, atravessando o joelho, até chegar à frente do seu tornozelo.

6. Posicione o antebraço para a frente, com o cotovelo levemente flexionado; dedos das mãos unidos e a mão repousada sobre a coxa.

7. Certifique-se de que o peso de seu corpo está na parte de trás dos pés, com os quadris posicionados diretamente acima dos calcanhares.

8. Note como você se sente elevado e equilibrado – seu peso está distribuído de maneira uniforme pelos seus músculos e sua coluna está alongada e sem pressão.

❗ *Não desanime se, no início, sentir um pouco de desconforto na postura – os músculos das costas logo se acostumarão. Caso sinta a tentação de desistir, lembre-se de que desabar ou despencar quando está cansado só faz com que se sinta pior.*

❗ *Para corrigir a "cabeça de computador" (cabeça e pescoço projetados para a frente), olhe para a frente e traga o queixo para trás. Agora imagine que suas orelhas estão presas por fios invisíveis que as puxam para cima. Isso vai alongar a parte de trás do seu pescoço e elevar seu queixo a 90° em relação ao corpo.*

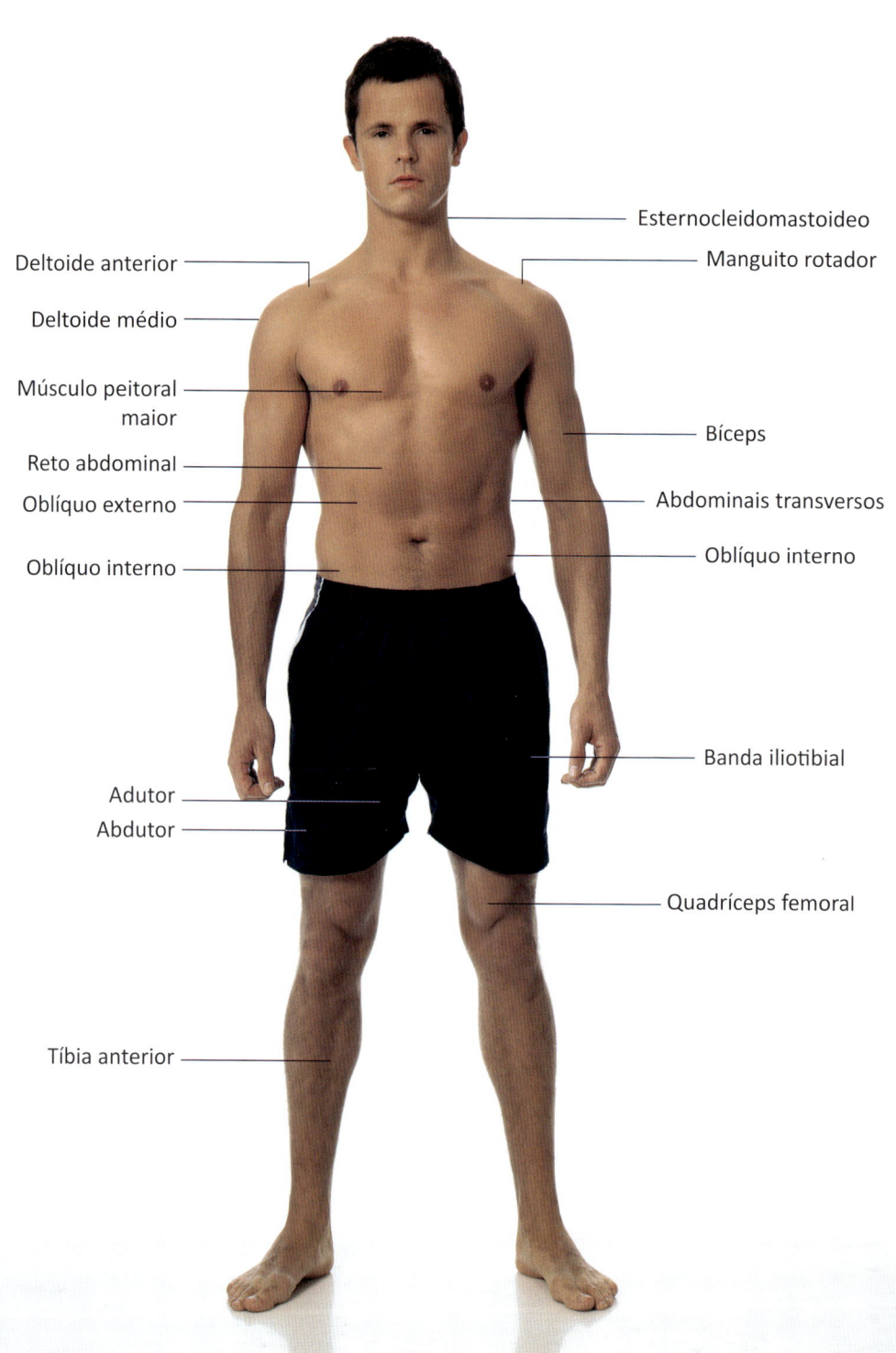

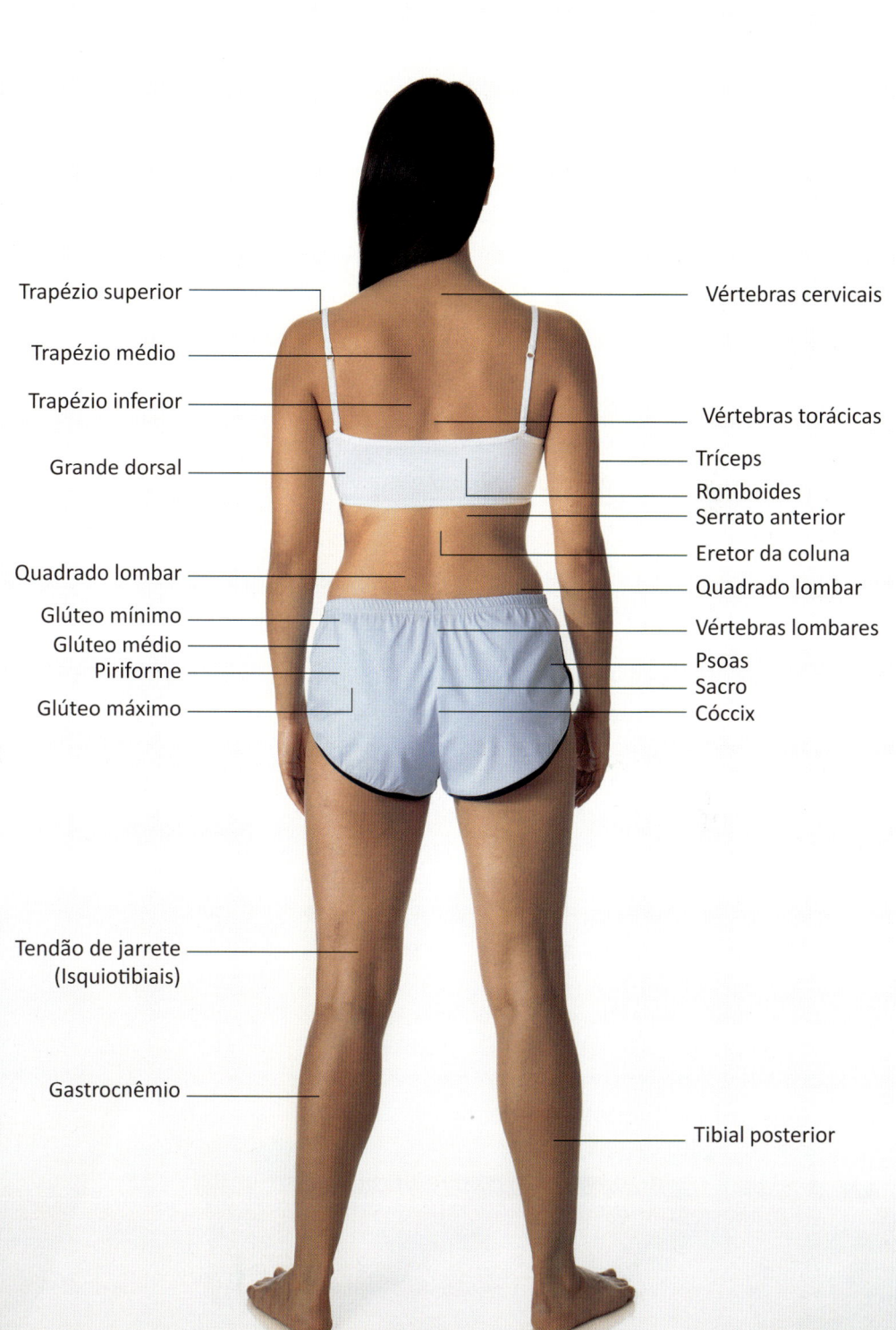

A Forma Pilates de Respirar

Respiração correta é um dos aspectos mais importantes do método Pilates. Por quê? Primeiramente, porque seus músculos e tecidos precisam de oxigênio para funcionar de forma eficiente. Direcionar mais oxigênio para o cérebro aumenta a concentração e a coordenação. Focar sua atenção na respiração também o ajuda a se tornar mais centrado, dando uma nova dimensão corpo-mente para seus exercícios. A respiração correta não somente melhora a postura como também ajuda a manter os olhos brilhantes e a pele bonita, dando ao seu corpo um aspecto geral saudável.

Apesar de respirarmos automaticamente, nem sempre o fazemos de forma correta. Muitos de nós usamos apenas uma pequena parte da capacidade respiratória e quase sempre seguramos a respiração por mais tempo do que o necessário, quando nos concentramos ou nos exercitamos, por exemplo.

No método Pilates, praticamos a respiração "torácica" – levando o ar para o tórax, expandindo as costelas para as laterais. Respiramos no tórax e não no abdome porque, como você poderá observar, todo exercício Pilates envolve a contração dos músculos abdominais. Quando você começa os exercícios Pilates, pode encontrar alguma dificuldade na respiração torácica. Se isso acontecer, não se preocupe – com um pouco de perseverança, a respiração correta acontecerá naturalmente. Da mesma forma, não se assuste se sentir tontura ou vertigem. Isso significa apenas que você está respirando de forma eficiente e que seu cérebro está recebendo mais oxigênio do que o usual.

Agora tente o exercício respiratório, de modo contrário.

RESPIRAÇÃO PILATES

Antes de iniciar os exercícios Pilates deste livro, você precisa aprender o modo Pilates de respirar. Você pode praticar essa técnica a qualquer hora do dia, mas ela é particularmente melhor pela manhã, ao acordar (para dar mais energia), e à noite, antes de dormir (para acalmar).

1. Deite de costas, joelhos dobrados e ligeiramente separados, solas dos pés no chão. Mantenha o alinhamento da coluna e não a pressione no chão. Coloque as palmas das mãos na caixa torácica de forma que as pontas dos dedos se toquem.

2. Inspire profundamente pelas narinas. Observe como o diafragma se expande nas laterais, permitindo que os pulmões se encham mais de ar. Note também que as pontas dos seus dedos se separam. Sinta a elevação e a expansão do tórax sob suas mãos.

3. Expire pela boca até que tenha expelido completamente o ar e que o tórax esteja contraído, e as pontas dos dedos se toquem novamente. Repita oito vezes.

4. Em seguida, fique de pé com os pés separados na linha dos quadris e repita o exercício respiratório mais oito vezes.

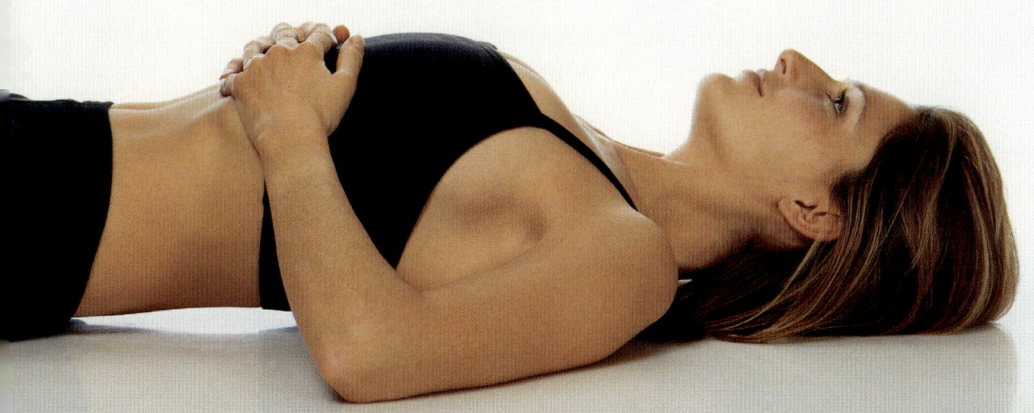

Encontrando o Equilíbrio

A técnica Pilates aumenta seu equilíbrio. Comprove fazendo os exercícios abaixo para testar como está o seu equilíbrio hoje e depois faça-os novamente, após um mês de prática de Pilates, e observe quanto você melhorou.

ANDANDO NA CORDA BAMBA

1. Fique de pé e coloque o pé direito na frente do esquerdo, com o calcanhar direito encostado na ponta do pé esquerdo. Distribua o peso sobre os dois pés. Foque um ponto à frente e eleve os braços na altura dos ombros, alongando-os, um para cada lado. Agora, relaxe os ombros. Respire normalmente e mantenha a postura por 20 segundos.

2. Repita o item 1, fechando os olhos e mantendo a postura por 10 a 20 segundos.

3. Repita novamente o item 1 e gire a cabeça, vagarosamente, para a direita; foque um ponto e mantenha a postura por 10 segundos. Gire a cabeça para a esquerda, foque um ponto e mantenha por 10 segundos. Por último, repita os itens 1 e 3 com os olhos fechados.

4. Faça tudo desde o início, agora com o pé esquerdo na frente do direito.

A CEGONHA

1. Fique de pé, com os pés afastados na largura dos quadris, costas retas, pescoço alongado e olhos focados em um ponto à sua frente. Eleve os braços acima da cabeça com as palmas das mãos voltadas uma de frente para a outra. Mantenha os ombros relaxados e os cotovelos dobrados.

2. Eleve o joelho esquerdo, gire para fora e coloque a sola do pé esquerdo na parte interna de sua coxa direita. Respire normalmente e mantenha a posição por, no mínimo, 30 segundos, chegando até 2 minutos, se se sentir confortável nessa postura.

3. Mude a posição das pernas e repita a postura para o outro lado. Com a prática, você vai conseguir elevar cada vez mais a perna flexionada.

❶ *Tente executar essa postura no início da sessão de Pilates. Ela vai deixá-lo mais centrado, presente no momento. Ao executar a postura, você pode ampliar o benefício, visualizando a energia fluindo por seu corpo, espalhando-se pelos seus pés e pelo solo.*

O Assoalho Pélvico

Os exercícios do assoalho pélvico são a base de toda a minha técnica de exercícios Pilates. Ser capaz de controlar e elevar o assoalho pélvico representa 50% da "estabilidade central" – a estabilidade que alcançamos por meio de um torso forte e equilibrado (vamos nos aprofundar um pouco mais sobre isso nas págs. 32-33).

A região que denominamos assoalho pélvico é composta pelos músculos e tecidos que formam a base da pélvis. O músculo principal (o pubococcígeo, ou "pcg") cria uma espécie de rede que sustenta bexiga e intestinos e, nas mulheres, o útero. Nunca é tarde demais (nem cedo demais) para começar a exercitar o assoalho pélvico. Proponha-se a fazê-lo 50 vezes por dia. Não se assuste, os exercícios do assoalho pélvico podem ser praticados em qualquer lugar – no ônibus, no carro ou mesmo no trabalho!

A POSTURA DO GANCHO

Esta é uma posição de teste na qual você checa se está com a coluna no "ponto neutro", o ponto inicial, a partir do qual você cria um "centro" mais forte.

1. Deite de costas no chão, braços ao longo do corpo. Alongue o pescoço. Dobre os joelhos, solas dos pés nos chãos e pés separados na largura dos quadris. Você deve sentir-se confortável e relaxado. Essa é a postura do Gancho.

2. Deve haver uma curva natural na região lombar, na base da coluna. Esta é a posição neutra da coluna. Cheque, deslizando a mão direita sob a região lombar.

3. Agora alongue as pernas – você já não está mais na posição neutra. Pode sentir a diferença?

ELEVAÇÃO PÉLVICA

Uma vez identificado o "ponto neutro da coluna", você pode começar a fazer os movimentos pélvicos na postura do Gancho. Pode também praticá-los na posição sentada ou em pé.

1. Coloque-se na postura do Gancho. Mulheres: vagarosamente elevem a região genital, apontando o períneo para cima. Homens: tentem posicionar os genitais em direção ao seu tronco. Mantenha a postura por 5 segundos.

2. Relaxe suavemente os músculos – primeiro os pélvicos e depois os das costas. Repita cinco elevações, dez vezes ao dia. Quando dominar o movimento na postura do Gancho, tente praticá-lo sentado.

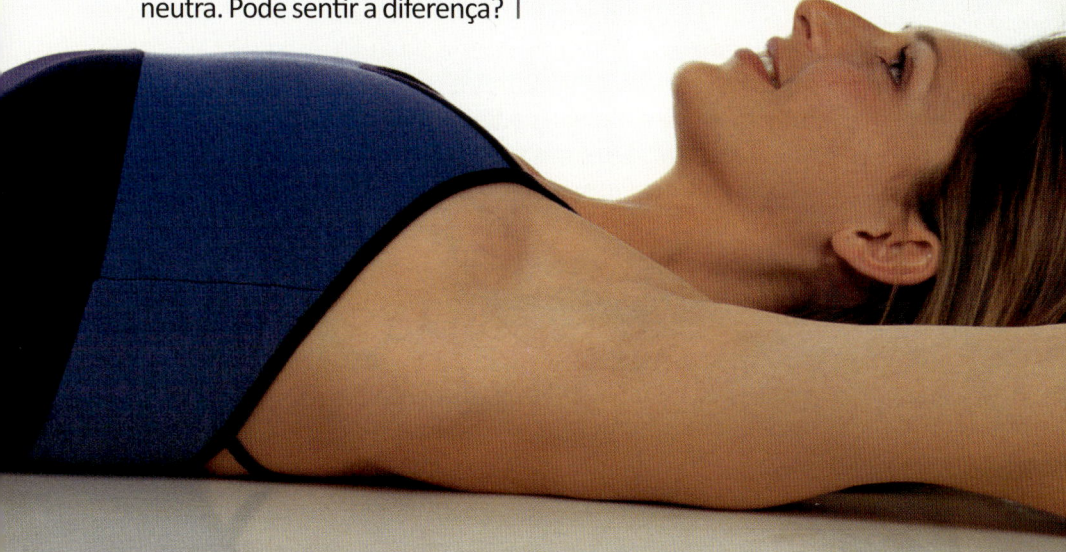

O Que é Estabilidade Central?

Estabilidade central é a essência da técnica Pilates. Apesar de o termo não parecer familiar, ele simplesmente se refere a tornar seu centro (região abdominal) sólido e forte. É a chave para um treinamento efetivo não só dos músculos abdominais, mas de todos os outros músculos do corpo.

Para obter estabilidade central é necessário controlar três aspectos essenciais: a respiração (ver págs. 26-27), os músculos do assoalho pélvico (ver págs. 30-31) e os músculos abdominais profundos, como os abdominais transversos e o oblíquo interno (ver ilustrações págs. 24-25), que desempenham um papel vital na postura correta.

Os músculos abdominais profundos são cruciais para a técnica Pilates. Além de controlar a postura, são os grandes estabilizadores das costas. Talvez o mais importante dos músculos abdominais seja o transverso, uma bainha de músculos que circunda os órgãos internos. Os abdominais profundos não devem ser confundidos com os superficiais, como o reto abdominal e o oblíquo externo, que controlam a rotação e a flexibilidade do torso. Os músculos superficiais não podem fazer o trabalho dos profundos, pois não conseguem controlar a postura nem manter a contração por períodos prolongados.

Se, com o passar dos anos, você adquiriu o péssimo hábito de sentar de forma desleixada, muito provavelmente seus músculos profundos se desprogramaram e você pode sentir dificuldade em manter a postura ereta. Então, como reprogramar esses músculos e readquirir uma boa postura? A resposta é simples – adquirindo a "estabilidade central" que você consegue respirando de forma correta, elevando os músculos do assoalho pélvico e retraindo os abdominais profundos, como se quisesse encostá-los nas costas.

Eu o guiarei nos exercícios, passo a passo, que o ajudarão a adquirir e praticar a estabilidade central (ver "Elevação dos glúteos" – págs. 34-35), de tal forma que, antes de iniciar o meu programa especial de exercícios Pilates, você terá dominado essa habilidade fundamental. Inicie com o exercício de visualização ativa.

O Que é Estabilidade Central? 33

VISUALIZANDO O CENTRO E ADQUIRINDO ESTABILIDADE

1. Tente imaginar o centro do seu corpo como um cilindro oco. O topo do cilindro é o diafragma; a base é o assalho pélvico; e as paredes do cilindro são os músculos abdominais profundos.

2. Inspire profundamente. Sinta o diafragma descer, comprimindo o topo do cilindro.

3. Eleve o assoalho pélvico e imagine a base do cilindro tornando-se cada vez mais sólida. Então, sugue os abdominais para dentro e para cima, de forma que as paredes do cilindro se toquem.

4. O cilindro agora está sólido e firme, um suporte efetivo para sua coluna. Com o centro estabilizado dessa forma, todos os movimentos e exercícios que executar com seus membros serão mais fortes e controlados.

Tente agora o seguinte exercício, que o ensinará a alinhar os músculos dessa região.

ACENDENDO A LUZ ALTA DOS FARÓIS

1. Fique de lado, em frente de um espelho de corpo inteiro, com os pés afastados na largura dos quadris. Coloque a ponta dos dedos nos ossos do quadril e os polegares na base das costelas

2. Em seguida, imagine que você tem faróis nos ossos do quadril e que você está descendo uma estrada muito escura. Você perceberá que as luzes dos faróis estão direcionadas para a estrada. Isso significa que você não pode enxergar adiante. Eleve um pouco os "faróis" em direção às suas costelas, empurrando o abdome em direção à coluna vertebral. Agora você está com os "faróis altos" e pode enxergar!

3. Relaxe e volte a se olhar no espelho. Repita o movimento. Note como ele corrige toda a postura do seu corpo, mesmo sendo um movimento tão pequeno.

4. Note também que os glúteos contraíram um pouco, o que significa que você elevou o assoalho pélvico. Essa é a estabilidade central! Lembre-se sempre de "acender os faróis altos" quando estiver parado ou andando.

> ❗ Para adquirir estabilidade central é preciso prática e paciência. Contudo, uma vez que tenha aprendido a técnica de forma consciente, você perceberá que se acostumará a ter uma boa postura e a adotará automaticamente.

Os Abdominais Profundos

Esse exercício simples isola os oblíquos internos e os abdominais transversos, que formam o seu espartilho pessoal de músculos, e é responsável por 50% de sua estabilidade central. Você pode praticar a elevação dos glúteos sentado, deitado, de joelhos ou em pé. Tente adicionar uma elevação do assoalho pélvico a cada exercício a fim de obter um centro vigoroso! À medida que você pratica o exercício, certifique-se de que sua coluna está na posição neutra (ver "O assoalho pélvico", págs. 30-31), sem forçar para cima nem para baixo a parte mais inferior das costas.

Antes de iniciar, localize os abdominais transversos. Sente-se em uma posição confortável e coloque as mãos no abdome, pontas dos dedos separadas. Inspire profundamente e pressione suavemente a parede abdominal com as mãos. Então diga "HO! HO! HO!" bem alto. Você vai sentir sob seus dedos a contração da banda muscular firme que forma a parte interna da parede abdominal.

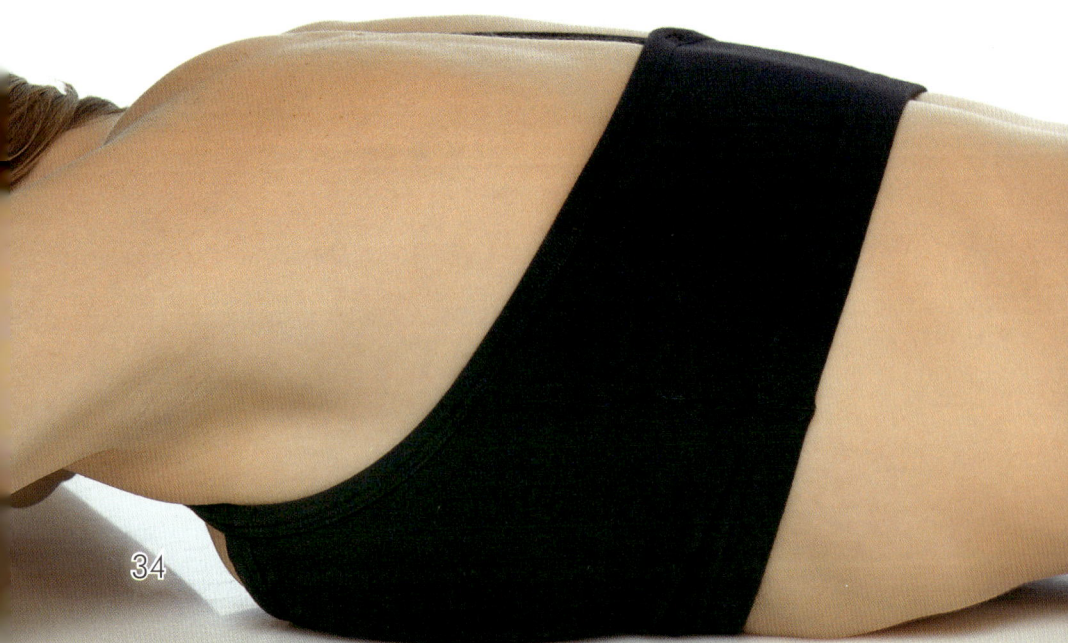

ELEVAÇÃO DOS GLÚTEOS

1. Deite de bruços no chão, com os braços ao longo do corpo e as pernas separadas na largura dos quadris. Relaxe completamente (se quiser, descanse a cabeça sobre uma toalha dobrada ou um travesseiro pequeno). Inspire profundamente e foque sua atenção na região do umbigo.

2. Na expiração, vá tirando o umbigo do chão como se quisesses encostá-lo nas costas. Mantenha essa "compressão abdominal" por cerca de 5 segundos e, com a prática, vá aumentando até 30 segundos. Relaxe e repita. Atenção para não produzir tensão nos ombros nem elevar os quadris, a coluna ou os pés; a única parte do seu corpo que se move é a região do umbigo.

◆ *Tente a elevação dos glúteos na posição de quatro apoios, com um cinto ao redor do umbigo. Quando apertar o cinto, seus músculos deverão estar relaxados e o cinto deve ser ajustado o suficiente para encostar-se à pele. Certifique-se de que sua coluna está no ponto neutro (ver págs. 30-31). Ao elevar os glúteos, os músculos se afastarão do cinto e, quando relaxar, eles encostarão novamente no cinto.*

Exercício Pilates Plus

Eu chamo meus exercícios Pilates de "Pilates Plus", porque foram especialmente adaptados para transformar a aparência geral do seu corpo, de forma simples e efetiva.

A seção "Os Fundamentos" explicou os princípios básicos do Pilates para iniciar sua prática de forma segura. Neste capítulo, os exercícios "Tonificação Abdominal" e "Costas Fortes" proporcionarão força para os músculos centrais, melhorando sua postura e seu equilíbrio.

Os exercícios de "Membros Flexíveis" aumentarão sua flexibilidade e tornarão seus movimentos fáceis e graciosos.

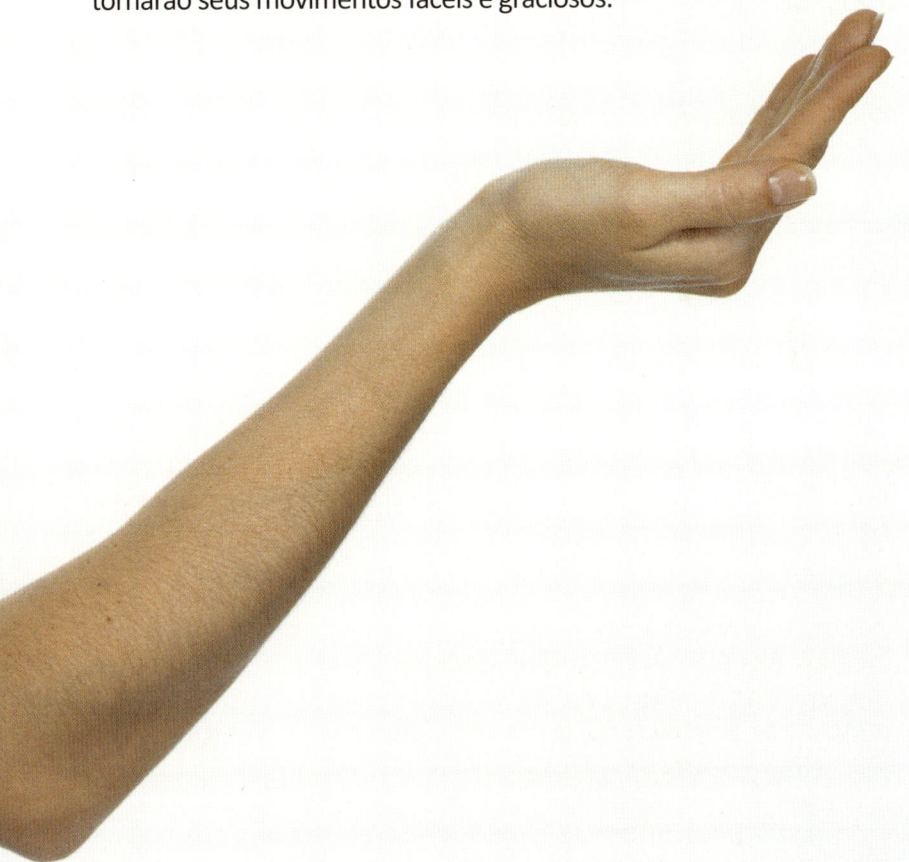

Aquecimento

No método Pilates, assim como em qualquer outro tipo de prática física, é importante fazer um aquecimento antes de iniciar cada sessão. O aquecimento aumenta a temperatura do corpo e o fluxo sanguíneo nos músculos. Ele eleva o metabolismo (o nível em que a energia do corpo é liberada) e aumenta a velocidade dos impulsos nervosos. Tudo isso proporciona um movimento eficiente para o corpo durante o exercício. O aquecimento também libera a tensão muscular, aumenta a flexibilidade do tecido conectivo do corpo e ajuda a focar sua mente nos exercícios.

Antes de iniciar, certifique-se de que tem espaço suficiente para deitar no chão e estender os membros em todas as direções. Abaixo e na página ao lado, apresento uma rotina específica de aquecimento, que gostaria que você seguisse antes de iniciar os exercícios de Pilates. Inicie cada exercício de aquecimento adotando o que chamo de "posição de checagem". Fique de pé, em frente de um espelho, pés afastados na largura dos quadris, e mentalmente percorra toda sua postura, conforme explicado nas págs. 20-23. Certifique-se de levantar a cabeça ligeiramente em direção ao teto; o seu queixo, em um ângulo de 90° em relação ao corpo; e os pés apontados para a frente.

1. ELEVAÇÃO DOS CALCANHARES
   Ative as terminações nervosas das solas dos pés, elevando os calcanhares e pressionando a parte anterior no chão. Certifique-se de que seus pés estão voltados para a frente. Faça três elevações do calcanhar com o pé direito e três com o pé esquerdo e, em seguida, repita novamente a sequência.

2. CÍRCULOS COM OS JOELHOS
   Aqueça a articulação da rótula, com movimentos circulares dos joelhos. Eleve o calcanhar direito e mantenha as pontas dos dedos apoiadas no chão. Faça três círculos com o joelho direito. Não movimente a pélvis. Repita três vezes com o joelho esquerdo.

3. ALONGAMENTO DAS COSTAS
   Eleve os braços acima da cabeça, entrelace os dedos e coloque-os na nuca. Flexione os joelhos, contraia a base da coluna e inspire.

Em seguida, expire e vá curvando o tronco para a frente, vértebra por vértebra. Leve o queixo em direção ao peito e mantenha essa contração por 20 segundos. Vá desenrolando seu corpo vagarosamente, voltando à posição original. Repita essa sequência mais uma vez.

4. CÍRCULOS COM OS BRAÇOS
   Eleve os braços acima da cabeça, palmas das mãos voltadas para dentro, e inspire. Gire as palmas para fora, expire e vá abaixando os braços, unindo as palmas das mãos em frente de seu corpo. Repita essa sequência duas vezes e depois repita toda a sequência três vezes, na ordem inversa: comece com os braços abaixados, palmas das mãos unidas, e termine com os braços acima da cabeça, palmas voltadas para dentro.

5. CÍRCULOS COM OS OMBROS
   Pés separados na largura dos quadris, braços alongados à frente, palmas voltadas para baixo, inspire. Abaixe o braço direito em direção à coxa direita, sem movimentar a pélvis. Expire e gire o braço direito para trás, trazendo-o acima da cabeça e movendo a cabeça para acompanhar o movimento do braço. Repita a sequência três vezes para cada lado.

6. ALONGAMENTO LATERAL
   Inspire, alongue o tronco para cima, mantendo a base da coluna em direção ao solo. Certifique-se de que o pescoço está no prolongamento da coluna. Em seguida, expire e incline suavemente para o lado direito, com os braços ao longo do corpo. Repita três vezes de cada lado. Em seguida, repita toda a sequência; eleve o braço acima da cabeça, seguindo a linha do corpo. Ao inclinar para a direita, alongue o braço esquerdo acima da cabeça e vice-versa.

OS ABDOMINAIS SÃO ALGUNS DOS MÚSCULOS SOBRE OS QUAIS MAIS SE FALA E MUITAS PESSOAS DESENVOLVEM PROGRAMAS DE EXERCÍCIOS ESPECÍFICOS PARA SEU DESENVOLVIMENTO. QUANDO MEUS EXERCÍCIOS ABDOMINAIS SÃO PRATICADOS COM A ESTABILIZAÇÃO CENTRAL CORRETA (VER PÁGS. 32-33), ELES PROPORCIONAM UM ABDOME LISO E TONIFICADO E UMA MUSCULATURA, AO LONGO DA COLUNA, MAIS FORTE E ESTRUTURADA. SE VOCÊ DESEJA AFINAR A CINTURA OU MELHORAR A POSTURA, ESSES EXERCÍCIOS SÃO EXATAMENTE O QUE VOCÊ PRECISA PARA COMEÇAR.

Tonificação Abdominal

Aquecimentos Abdominais

Esses exercícios ajudam a fortalecer os abdominais transversos e os oblíquos internos e mostram como essa força controla o movimento da coluna. O "Deslizamento dos calcanhares" o ajudará a sentir o trabalho dos músculos abdominais profundos, enquanto o "Caracol pélvico" o ensinará a ajustar os abdominais de forma correta, com o efeito de mobilizar a coluna e fazê-la funcionar da maneira correta – movendo cada uma das vértebras separadamente, com controle perfeito.

DESLIZAMENTO DOS CALCANHARES

1. Deite na postura do Gancho (ver pág. 31) e coloque as mãos uma de cada lado do umbigo, com as pontas dos dedos separadas cerca de 15 centímetros. Inspire e faça a estabilização central, elevando o assoalho pélvico e retraindo o abdome. Mantenha os abdominais contraídos e os ombros relaxados.

2. Expire e alongue a perna esquerda vagarosamente, deslizando o calcanhar no chão. Se você sentir a pélvis inclinar ou a área lombar sair da posição neutra, volte a perna para o ponto inicial e comece novamente. Repita o movimento oito vezes com cada perna.

CARACOL PÉLVICO

1. Sente-se com os joelhos dobrados, separados na largura dos quadris, e a sola dos pés no chão. Coloque as mãos sob os joelhos com os cotovelos elevados em um ângulo de 90° em relação ao corpo. (Esta postura mantém o peito aberto e favorece a respiração torácica.) Relaxe os ombros em direção ao solo e mantenha o pescoço alongado. Inspire profundamente e estabilize o centro (eleve o assoalho pélvico e os glúteos).

2. Na expiração, projete seu queixo para a frente. Comece a se curvar para trás, arredondando sua coluna e mantendo a estabilidade central. Arredonde as costas o máximo possível, sem perder o controle e sem soltar as pernas. Volte suavemente para a posição inicial, inspirando e relaxando a estabilidade central. Certifique-se de que o corpo volte para a posição inicial com os cotovelos elevados, antes de iniciar o próximo movimento de caracol. Repita cinco vezes.

Abdominais Vigorosos

Como já vimos anteriormente, há dois tipos de músculos no abdome. O primeiro são os superficiais, como o reto abdominal e o oblíquo externo, que controlam nossa habilidade de girar e dobrar o torso; e o segundo são os abdominais profundos, o abdominal transverso e o oblíquo interno, que desempenham um papel vital na manutenção da postura correta.

Esses exercícios fortalecerão os músculos abdominais, aliviarão o estresse da região lombar e reforçarão o reto abdominal.

Abdominais Vigorosos 45

① ②

1. Deite na postura do Gancho (ver pág. 31), com as mãos sob a cabeça, cotovelos abertos nas laterais, pontas dos dedos apoiando sua cabeça. (Se, ao elevar o dorso, você conseguir enxergar os cotovelos, você pode estar puxando sua cabeça com as mãos. Para corrigir isso, empurre os cotovelos, de forma que eles saiam do seu campo de visão, e use seus abdominais para levantá-lo.) Inspire, estabilize seu centro e comprima os músculos abdominais. Expire e, vagarosamente, curve o tronco para a frente, rolando a coluna e mantendo o queixo apontado para a frente, até que somente a região lombar fique no chão.

2. Vagarosamente, deite de novo no chão. Inspire. Repita o exercício quantas vezes considerar confortável. Para as primeiras repetições, é bom colocar a palma de uma das mãos na parte inferior do abdome para verificar se você não está empurrando os músculos para fora, no esforço de elevar as costas.

◻ *Se você acha que o exercício descrito acima é difícil, tente a versão mais fácil. Deite na postura do Gancho, com os pés apoiados na parede. Inspire e faça a estabilização central. Expire e eleve o dorso do chão, enrolando a coluna, e com o queixo em direção ao peito. Gentilmente volte até que a cabeça relaxe no chão. Inspire e relaxe por alguns segundos. Repita oito vezes. Você pode aumentar as repetições à medida que for progredindo. Se você sentir contração nos músculos das costas e não nos abdominais, pare o exercício e volte a praticar a "Elevação dos glúteos" (ver pág. 35) até que sinta segurança para tentar novamente o exercício.*

◊ *Se, por outro lado, você achar que esse exercício é fácil, pode elevar o nível de dificuldade aumentando o número de repetições. Pode também tentar manter a postura na posição elevada por alguns segundos antes abaixar o dorso e repetir o exercício.*

❗ *Tente não "fixar" os pés no chão durante a prática abdominal. Fixar os pés no chão faz com que os músculos flexores do quadril trabalhem mais intensamente, sem aumentar o trabalho dos músculos abdominais. Se você fixar os pés no chão, não conseguirá perceber se está realmente utilizando os músculos abdominais!*

Abdominais Totais

"Puxar a corda" fortalece o abdominal transverso e o oblíquo interno e mostra como utilizar essa força para mobilizar a coluna. O "Abdominal Máximo" trabalha tanto o grande dorsal nas costas como os músculos abdominais em geral – para esse exercício você precisará de uma faixa elástica.

PUXANDO A CORDA

1. Sente com os joelhos dobrados, sola dos pés no chão. Imagine que está segurando (com uma mão acima da outra) uma corda pendurada no teto.

2. Faça a estabilização central e projete as costas para trás e, contando até quatro, vá expirando e imaginando que está puxando a corda para baixo, uma mão acima da outra. Inspire e, contando até quatro, volte à posição inicial.

◊ *Quando já dominar esse exercício de forma fácil e eficiente, tente fazer o movimento a partir da postura do Caracol Pélvico (pág. 43). Na postura, mantenha a estabilidade central, escale a corda imaginária com as mãos, contando até oito e aumentando gradualmente até 40. Mantenha a respiração normal.*

ABDOMINAL MÁXIMO

1. Sente no chão com as pernas alongadas à sua frente, os pés ligeiramente afastados. Mantenha a faixa elástica acima da cabeça, com as palmas das mãos voltadas para cima. Inspire profundamente e estabilize, elevando o assoalho pélvico e alinhando os glúteos.

2. Na expiração, vá soltando as costas no chão e baixando os braços até as coxas. Desça até o ponto em que tiver controle da postura, com o queixo em direção ao peito, sempre mantendo a estabilidade central. Mantenha a postura, inspire. Na expiração, eleve os braços acima da cabeça, com os ombros relaxados. Vá desenrolando a coluna lentamente, até voltar à posição inicial. Repita a sequência oito vezes.

A Borboleta

Esse exercício fortalece todos os músculos abdominais e tem ainda o benefício de alongar e tonificar os tendões na parte de trás das pernas; abrir o peitoral e os ombros; e tonificar os músculos dos braços. A "Borboleta" é especialmente benéfica se você passa muito tempo sentado, pois ela melhora sua postura.

É realmente prazeroso observar os alunos executando essa postura bonita e elegante nas minhas aulas de Pilates.

1. Deite na postura do Gancho com os braços abertos nas laterais, na linha dos ombros, formando um ângulo de 90° com seu corpo, palmas das mãos voltadas para cima. Dobre os joelhos e posicione-os na linha dos quadris. Inspire profundamente e faça a estabilização central.

2. Expire e vá elevando as pernas vagarosamente em direção ao teto. Aponte os dedos dos pés para cima. Mantenha o abdome contraído. Foque a atenção na estabilização central e não tensione os ombros, o pescoço e o rosto. Inspire e relaxe o abdome, dobre os joelhos e volte as pernas para a posição inicial. Repita a sequência oito vezes.

3. Agora acrescente os movimentos da parte superior do tronco. Expire e alongue as pernas em direção ao teto, eleve os braços, cabeça e peito, dedos das mãos em direção aos tornozelos. Tente permanecer na postura de forma graciosa e controlada, mantendo a estabilidade central. Inspire, relaxe a estabilidade central e abaixe as pernas, o dorso, e, suavemente, abra os braços nas laterais. Repita o movimento oito vezes.

⋆∘∘ Arcos Abdominais

Essa postura é chamada de "Arco Abdominal" em razão dos movimentos em forma de arco que são feitos com as pernas durante o exercício. Esses movimentos fortalecem os músculos abdominais e ao mesmo tempo abrem o peitoral e estabilizam a pélvis, alongando a musculatura em toda a extensão da coluna.

Nos passos 2 e 3, você alonga e tonifica os tendões posteriores das pernas; mas observe que os movimentos das pernas são controlados pela força central – seus músculos do assoalho pélvico e sua habilidade de levar o umbigo em direção à coluna –, então mantenha a estabilidade central.

Arcos Abdominais 51

1. Deite na postura do Gancho (ver pág. 31) com os braços abertos nas laterais, formando 90° com seu corpo, palmas das mãos voltadas para cima. Mantenha os joelhos dobrados, eleve as pernas alinhando os joelhos com os quadris. Inspire profundamente, estabilize o centro e, na expiração, abaixe as pernas para a direita e gire a cabeça para a esquerda. Certifique-se de que os ombros estejam bem apoiados no chão. Se um dos ombros ou braços se mover, significa que você abaixou demais as pernas, então, suba-as um pouco. Inspire e, lentamente, volte pernas e cabeça para o centro. Estabilize e repita a sequência com as pernas para a esquerda. Repita toda a sequência oito vezes, alternando os lados.

2. Volte para a postura do Gancho, com os braços abertos nas laterais. Eleve os joelhos conforme o passo 1, abaixe as pernas para a esquerda, só que dessa vez mantenha a cabeça centralizada. Inspire, estabilize e alongue as pernas em direção ao teto, com os pés apontados para cima, até que as pernas formem um ângulo de 90° em relação ao seu torso. Mantenha as pernas unidas e alongadas. Volte para o centro. Inspire, dobre os joelhos e volte para a posição inicial. Repita para o lado direito e, então, repita a sequência oito vezes, alternando os lados direito e esquerdo.

3. Volte para a postura do Gancho, braços abertos nas laterais. Eleve os joelhos (conforme passos 1 e 2). Inspire, estabilize e, na expiração, vá abaixando as pernas e pés alongados para a esquerda. Eleve a cabeça e os ombros e tente alcançar os pés com a mão direita; em seguida, deite novamente. Inspire, enquanto volta as pernas para o centro, e dobre os joelhos. Repita os movimentos para o lado direito. Faça toda a sequência oito vezes, alternando os lados.

Abdominais para Modelar a Cintura

Nesses exercícios, o "Redutor de Cintura" não só fortalece os músculos do torso, como também molda a cintura e tonifica a musculatura interna da coxa.

"A Serra" trabalha os músculos abdominais oblíquos externos e modela a cintura.

REDUTOR DE CINTURA

1. Deite sobre a lateral esquerda de seu corpo, em uma linha reta, com a mão esquerda apoiando a cabeça e a direita no chão, à sua frente. (Cheque o alinhamento olhando a lateral esquerda do seu corpo. A única parte inferior de seu corpo que você deve enxergar é a lateral do quadril.) Posicione a mão bem em frente de seu peito. Mantenha os ombros abertos – não tensione. Inspire e estabilize o centro. Ao expirar, eleve as duas pernas unidas, o mais alto possível.

2. Mantenha as pernas nessa posição contando até quatro e, em seguida, abaixe-as no chão. Inspire, estabilize e repita. Eleve e abaixe as pernas oito vezes. Repita para o lado contrário.

◆ *Para aumentar um pouco a dificuldade desse exercício, coloque pesos nos tornozelos. Você pode também aumentar o tempo em que se mantém na posição e ampliar as repetições.*

❗ *Se for desconfortável segurar a cabeça, coloque uma toalha dobrada e deite a cabeça sobre ela, mantendo o pescoço no alinhamento da coluna.*

A SERRA

1. Sente no chão com a coluna ereta e as pernas alongadas à frente, pés afastados na largura dos quadris. Flexione os pés, volte os dedos em direção ao seu tronco e projete os calcanhares para a frente. Abra os braços nas laterais, na linha dos ombros. Inspire profundamente e foque a atenção na estabilização central.

2. A partir da cintura, gire o tronco para a direita. Na expiração, incline o tronco para a frente, levando a mão esquerda em direção ao pé direito. Repita a sequência para o outro lado, tomando o cuidado de manter braços, pernas e costas alongados. Repita oito vezes de cada lado.

⭐⭐⭐ O Inseto

Esse exercício é excelente não somente para o fortalecimento dos abdominais e da estabilidade central, mas também para tonificar tríceps e braços. "O Inseto" é particularmente adequado para as pessoas que não gostam de exercícios abdominais que envolvem a elevação da cabeça e do pescoço. Antes de iniciar a prática, certifique-se de que você domina a estabilização central (ver págs. 32-33) e que sabe como colocar a coluna na posição neutra (ver pág. 31).

O INSETO   55

1. Deite de costas. Eleve os braços acima do peito, cotovelos ligeiramente flexionados. Dobre e eleve os joelhos, alinhando-os com o quadril, pés fora do chão (como um inseto de costas no chão).

2. Inspire, estabilize o centro e, na expiração, leve os braços em direção ao solo, atrás da cabeça. Solte um suspiro profundo – isso levará as costelas em direção aos quadris e manterá o centro estabilizado. Inspire e volte os braços acima do peito. Repita oito vezes.

3. Repouse as mãos no chão, acima da cabeça. Eleve as pernas flexionadas, alinhando os joelhos com os quadris. Inspire e estabilize o centro e, na expiração, baixe vagarosamente as pernas, levando os pés ao chão. Eleve as pernas novamente para a linha dos quadris, inspire e reinicie o movimento. Repita a sequência das pernas oito vezes.

4. Coloque-se na postura do Inseto (passo 1). Inspire, estabilize o centro e, na expiração, eleve os braços conforme descrito no passo 2 e as pernas de acordo com o passo 3 – tudo ao mesmo tempo. Repita oito vezes.

◊ *Braços: pratique os movimentos de braço segurando um objeto, como uma bola de tênis, por exemplo, e vá aumentando para halteres ou pesos.*
Pernas: pratique o movimento com pesos de tornozelo ou alongue as pernas para a frente. (Quanto mais alongar, mais intenso será o exercício.)

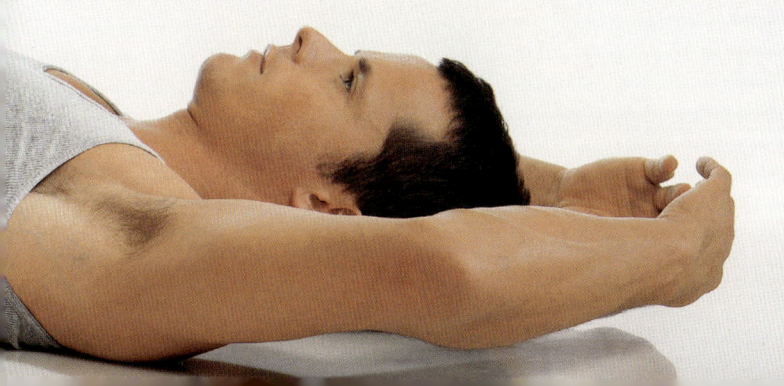

Alongamentos Abdominais

Como parte de sua rotina, você deve alongar cada grupo muscular imediatamente após a execução de um exercício. Por exemplo, faça os exercícios abdominais e, depois, os alongamentos abdominais.

As posturas da "Cobra" e da "Ponte" alongam os músculos abdominais do externo em direção ao osso pubiano. Na postura da "Esfinge", você pode sentir o alongamento da área abdominal superior. (A "Ponte" também alonga os músculos anteriores da coxa.)

A COBRA

Deite de bruços, mantenha pernas alongadas e as mãos apoiadas no chão, à frente do peito, dedos apontados para a frente. Inspire e, na expiração, alongue os cotovelos e eleve o tronco, como se quisesse empurrar o chão à sua frente. Relaxe os ombros, alongue o pescoço e certifique-se de que a pélvis esteja em contato com o chão. Mantenha a postura por 20 ou 30 segundos.

A ESFINGE

Deite de bruços, mantenha as pernas alongadas. Sustente sua cabeça acima de seus antebraços, com os cotovelos na linha dos ombros, palmas das mãos bem abertas. Inspire e, na expiração, eleve cabeça, ombros e peito. Projete o queixo para cima e relaxe os ombros para alongar o pescoço. Com as mãos no solo, puxe-as em sua direção. Mantenha a expiração para relaxar no alongamento e permaneça na postura por aproximadamente 20 segundos.

A PONTE

Deite na postura do Gancho (ver pág. 31). Traga os calcanhares em direção aos glúteos, mantendo-os separados na largura dos quadris. Inspire e contraia os glúteos. Na expiração, eleve a pélvis, apoie a lombar com as mãos e, mantendo os glúteos contraídos, traga os pés um pouco mais próximos de seu quadril. Mantenha a postura por 20 segundos.

COSTAS FORTES DÃO SUPORTE PARA TODO O CORPO. OS DISCOS E AS VÉRTEBRAS DE SUA COLUNA PRECISAM DE MOVIMENTOS FÍSICOS PARA MANTÊ-LA FLEXÍVEL E SAUDÁVEL; DO CONTRÁRIO, A COLUNA ENRIJECE E OS MÚSCULOS QUE A CIRCUNDAM FICAM TENSOS. É QUANDO COMEÇAM AS DORES NAS COSTAS. E, COM O PASSAR DO TEMPO, A POSTURA INCORRETA AUMENTA AINDA MAIS A DOR. QUANTO MAIS VOCÊ MOVIMENTAR SEU CORPO, MAIS FACILMENTE ELE SE MOVERÁ! EXPERIMENTE OS EXERCÍCIOS DESTE CAPÍTULO PARA FORTALECER AS COSTAS E FLEXIBILIZAR A COLUNA.

Costas Fortes

★★★

Aliviando a Tensão do Pescoço e dos Ombros

O pescoço e os ombros são as áreas em que a tensão muscular é centralizada. A tensão dessas regiões pode causar enxaqueca, rigidez no pescoço e restrição na capacidade de movimentar a cabeça. Para evitar esses problemas, é preciso ensinar os músculos do pescoço e a cabeça a relaxar. Experimente praticar esses exercícios, alongamentos e mobilizações para aliviar a tensão, especialmente após dirigir ou ficar sentado em frente do computador por muito tempo; eles ajudarão a aliviar o estresse e a relaxar. Lembre-se de não forçar – se usar força na execução, eles serão contraproducentes e poderão causar ainda mais dor.

1. Alongamento posterior de pescoço

Em pé, pés afastados na largura dos quadris, entrelace os dedos das mãos e coloque-as na nuca. Inspire. Durante a expiração, faça uma leve pressão na cabeça, empurrando o queixo em direção ao peito. Os ombros devem permanecer relaxados. Mantenha o alongamento por 20 segundos.

❗ *O alongamento lateral de pescoço é excelente para os músculos trapézios superiores – previne a rigidez que causa dores na cabeça e no pescoço.*

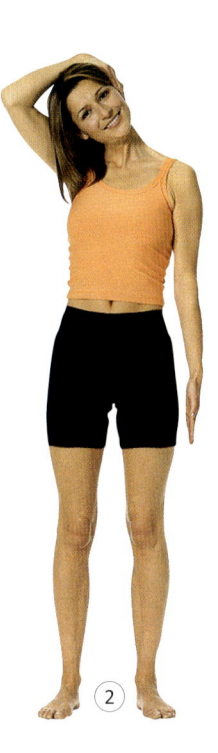

2. ALONGAMENTO LATERAL DE PESCOÇO

Em pé, pés afastados na largura dos quadris, eleve o braço direito e envolva a cabeça, tocando a orelha esquerda com a mão. Mantenha o braço esquerdo ao longo do corpo. Inspire e mantenha o nível dos ombros. Expire e suavemente puxe a cabeça em direção ao ombro esquerdo. Mantenha por 20 segundos. (Para aumentar o alongamento, estique o braço esquerdo em direção ao solo.) Você vai sentir o alongamento na lateral do pescoço e na parte superior dos ombros. Repita a sequência do outro lado.

3. ESPIRAL DE PESCOÇO

Deite na postura do Gancho (ver pág. 31), braços ao longo do corpo, olhos fechados. Imagine que você tem tinta preta na ponta do nariz. Você vai desenhar uma espiral imaginária no ar. Gire sua cabeça de forma que seu nariz vá desenhando círculos cada vez maiores. Visualize a espiral. Respire normalmente. Vire-se devagar com movimentos circulares e suaves, mantendo os ombros relaxados. Quando terminar de desenhar sua espiral imaginária, mude a direção dos movimentos. Iniciando pelo círculo maior, diminua gradualmente os círculos até que volte ao ponto central.

4. ALONGAMENTO DE PESCOÇO E OMBROS

Sente-se em uma cadeira com os pés no chão. Cruze os braços à frente do peito com as mãos segurando os ombros. Eleve os cotovelos na altura dos ombros. Expire e alongue os cotovelos à frente, mantendo-os afastados do seu corpo. Relaxe. Repita três vezes.

5. MOBILIZAÇÃO PARA OS OMBROS

Sente-se com as costas eretas, coloque as pontas dos dedos na base do pescoço e dos ombros, com os cotovelos abertos nas laterais, na altura dos ombros. Suavemente, gire os cotovelos para a frente oito vezes e depois para trás, mais oito vezes. Repita a sequência três vezes.

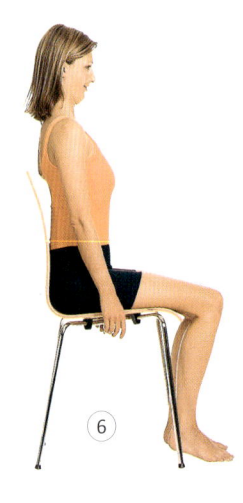

6. RELAXAMENTO DAS ESCÁPULAS

Sente-se em uma cadeira com as costas eretas, inspire e relaxe os ombros. Expire e suavemente empurre o queixo em direção ao peito, formando um queixo duplo. Mantenha o queixo para baixo, alongue a parte posterior do pescoço, imaginando que as orelhas estão sendo puxadas para cima por cordões. Mantenha o queixo para baixo. Repita seis vezes. (Você pode praticar esse exercício quando estiver dirigindo: solte o queixo em direção ao peito e tente empurrar a cabeça contra o suporte de cabeça para apoiar os músculos do pescoço.)

7. ALONGAMENTO COMPLETO DAS COSTAS

Sente-se em uma cadeira, costas eretas, pés ligeiramente afastados. Alongue os braços à frente, na altura dos ombros, e coloque a mão esquerda sobre a direita. Eleve os braços até a linha das orelhas. Expire e estique mais o braço esquerdo do que o direito. Mantenha a postura por 8 segundos. Repita, alongando mais o braço direito.

8. ABERTURA DE PEITORAL

Sente-se com os braços voltados para trás, dedos entrelaçados. Mantenha costas e braços eretos; expire e empurre as mãos, afastando-as do seu corpo. Eleve-as o mais alto possível. Imagine que há cordões puxando suas orelhas para cima, em direção ao teto. Mantenha por 8 segundos. Repita mais uma vez.

ESTABILIDADE DA PARTE SUPERIOR DAS COSTAS

Depois de aprender como estabilizar o centro, é necessário descobrir como estabilizar a parte superior do tronco. A técnica Pilates de estabilização do tronco é a chave para evitar tensão e ombros curvados. A maior parte da tensão dos ombros é causada pelo uso dos músculos dos ombros (trapézios superiores) cada vez que você movimenta os braços. Se, ao contrário, você fortalecer e acionar os músculos da parte superior das costas, especialmente os que acionam as escápulas (romboide e serrato anterior), você evitará muita tensão e melhorará a postura. Quando aprender a "fixar" ou estabilizar as escápulas, você movimentará os ombros e os braços de forma correta e evitará sobrecarga dos músculos dos ombros, que causa tensão e ombros curvados.

Outra consequência da tensão desse músculo é que as escápulas se elevam além da coluna – na postura correta, as escápulas devem estar aproximadamente três dedos de distância da coluna. Os exercícios a seguir ajudarão a adquirir equilíbrio nessa região e a estabilizar as omoplatas.

Você vai precisar de pesos de mão para a "Flexão dos ombros com pesos".

ELEVAÇÃO DOS ROMBOIDES

1. Deite de bruços com as pernas ligeiramente afastadas e os braços dobrados em ângulo reto em relação ao seu corpo. Inspire e contraia os glúteos. Esse movimento ativa os músculos das costas e fortalece os romboides.

2. Durante a expiração, eleve os braços em direção ao teto. Mantenha por alguns segundos, inspire e abaixe os braços suavemente. Repita oito vezes, chegando até 24 vezes à medida que aumenta o fortalecimento. Certifique-se de que os braços estão dobrados em um ângulo de 90° e que você não está empurrando os cotovelos para trás.

◆ *Você pode aumentar a intensidade desse exercício usando pesos de mão.*

FLEXÃO DOS OMBROS

1. De pé, pés afastados na largura dos quadris, braços ao longo do corpo. Inspire e estabilize o centro. Expire e junte as omoplatas.

2. Solte as omoplatas para baixo e mantenha-as na postura por 2 segundos. Inspire e repita dez vezes a sequência. Conforme for progredindo, aumente o tempo de manutenção de 2 para 10 segundos.

❗ *Cuidado para não forçar os ombros. No começo, o movimento das escápulas pode ser limitado, mas aumentará com a prática.*

FLEXÃO DOS OMBROS COM PESOS

1. De pé, pés afastados um pouco além da largura dos quadris. Segure os pesos de mãos. Inspire e eleve os braços, com cotovelos dobrados, até a altura dos ombros, ficando com as mãos na frente do peito.

2. Expire, contraia as omoplatas e puxe-as para baixo. Inspire e mantenha a postura. Se seus cotovelos descerem, expire e mova os braços para trás, devagar, até que os cotovelos se alinhem com os ombros. Inspire e volte os braços para a posição inicial. Relaxe a parte superior do tronco e observe se os cotovelos não desceram novamente. Repita a sequência, de oito a 16 vezes.

Alimentando os Pássaros

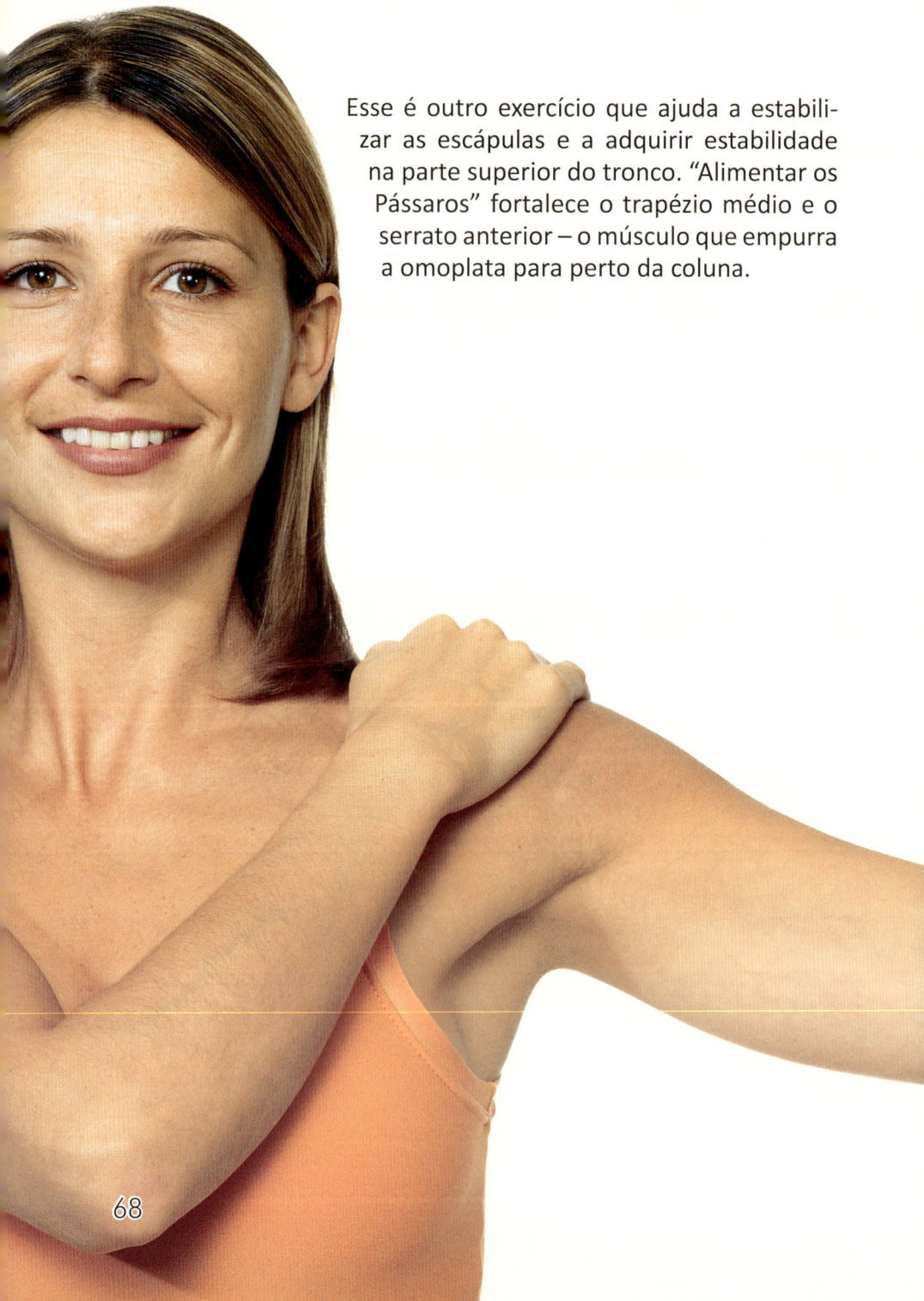

Esse é outro exercício que ajuda a estabilizar as escápulas e a adquirir estabilidade na parte superior do tronco. "Alimentar os Pássaros" fortalece o trapézio médio e o serrato anterior – o músculo que empurra a omoplata para perto da coluna.

Alimentando os Pássaros   69

1. Em pé, pés afastados além dos quadris e queixo a 90° do peito. Mova a omoplata esquerda para cima e para baixo, para sentir se não está rígida. Mova a omoplata esquerda mais uma vez e coloque a mão direita, firmemente, sobre o ombro esquerdo. Dobre o braço esquerdo, palma da mão voltada para cima, com a mão em concha, como se estivesse segurando sementes para alimentar pássaros. Inspire e estabilize o centro.

2. Expire e eleve o braço suavemente, como se tivesse um peso sobre ele. Foque a atenção no trabalho dos músculos debaixo do braço e nas omoplatas. Repita a sequência oito vezes com a omoplata esquerda e oito vezes com a direita.

❗ *Para observar como o exercício funciona, tente praticá-lo sem empurrar a omoplata para baixo. Seu ombro se elevará e você não sentirá nada na parte superior das costas.*

Asas de Anjo

Esse exercício ajuda a trabalhar e alongar os "lats" (*Latissimus dorsi* – músculo grande dorsal), assegurando plenos movimentos das articulações de ombros e da lombar. Os lats são músculos triangulares largos que deslizam sobre a região lombar – eles mantêm os ombros para baixo e as costas eretas. Nós os usamos em muitas atividades que envolvem movimentos de força dos braços, como, por exemplo, golfe, natação, remo, tênis, beisebol e boliche.

Manter esses músculos em plenas condições evita o desenvolvimento da curvatura na parte inferior das costas (que inclina a pélvis e pode causar dor nessa região).

Para esse exercício você vai precisar de uma faixa elástica.

Asas de Anjo   71

1. Enrole a faixa elástica uma ou duas vezes em cada mão (até sentir uma resistência firme, mas sem esticar). Em pé, com os pés afastados além da largura dos quadris, eleve os braços acima da cabeça, mantendo a faixa alongada, sem esticar. Inspire e estabilize o centro.

2. Na expiração, puxe a faixa para as costas, atrás das omoplatas, cuidando para não elevar as omoplatas. Mantenha o queixo a 90° do corpo e o pescoço alongado. Estique completamente a faixa, mantendo-a afastada do corpo de 2,5 a 5 centímetros. Inspire e eleve os braços de volta, acima da cabeça, com a faixa esticada. Repita a sequência oito vezes. (À medida que for se sentindo mais forte, pode aumentar o número de repetições.)

3. Desça a faixa alongada até a região lombar, mantendo os cotovelos voltados para a cintura e as mãos para os lados. Não encoste a faixa nas costas. Inspire e estabilize.

4. Durante a expiração, empurre as mãos para as laterais, esticando a faixa ao máximo. Imagine que você é um anjo tentando abrir as asas! Repita oito vezes os passos 3 e 4.

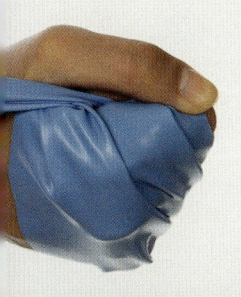

⭐ A Sereia

Esse exercício alonga a coluna, trabalha o *Quadratus lumborum* (conhecido como QL) e os músculos abdominais oblíquos. O Quadrado Lombar (QL) é importante para a manutenção de uma lombar forte e saudável, ajudando também a estabilizar as costas. Quando esse músculo não é fortalecido e alongado, causa dores nos quadris, glúteos e pernas. O fortalecimento do QL ajuda a aliviar as dores na lombar, tanto as causadas pelo desalinhamento das vértebras lombares quanto por problemas de disco.

A Sereia 73

1. Deite sobre a lateral direita de suas coxas, com o corpo e joelhos dobrados (panturrilhas a 90° das coxas). Apoie o tronco sobre o antebraço direito e a mão esquerda sobre o quadril. Inspire e estabilize o centro. (Se sentir desconforto no antebraço, apoie sobre uma toalha macia, dobrada.)

2. Durante a expiração, tente endireitar a coluna e o pescoço, como se tivesse uma linha reta do sacro (a base de sua coluna) até o topo da cabeça. Mantenha o corpo apoiado no antebraço e na coxa. Repita oito vezes. Mude de posição e repita oito vezes do lado esquerdo.

3. Volte à posição inicial. Expire, endireite a coluna e, dessa vez, eleve os quadris, apoiando seu corpo no antebraço e nos joelhos. Mantenha ombros abertos e pescoço alongado. Repita oito vezes; vire para o lado esquerdo e repita mais oito vezes.

4. Deite sobre o lado direito, pernas alongadas e alinhadas. Cruze o tornozelo esquerdo na frente do direito. Inspire e estabilize o centro.

5. Durante a expiração, eleve o corpo do chão, apoiando-se sobre o antebraço e os pés. O objetivo é alongar todo o corpo, formando uma linha reta dos pés, passando pela pélvis e pela coluna, até o topo da cabeça. Repita oito vezes; vire para o lado esquerdo e repita mais oito vezes.

Tonificação Lombar

A curva lombar – a curva natural da parte inferior das costas, que dá à coluna o formato de "S" – ajuda a coluna a absorver o choque por impacto. Mesmo os movimentos comuns, como correr e pular, têm um impacto na coluna. Qualquer achatamento ou acentuação dessa curva lombar (lordose) pode causar problemas nas costas. Os exercícios a seguir fortalecem os músculos da parte inferior das costas, que ajudam a manter a curva lombar no lugar. Dores na região lombar, na região dos rins e nos pés podem ser resultantes da fraqueza do psoas – um músculo profundo da coluna que, quando tonificado, ajuda a prevenir a lordose.

TRABALHANDO O PSOAS

Deite de costas com os joelhos na linha do quadril (pés fora do chão). Coloque as mãos sobre as coxas, dedos em direção aos joelhos. Empurre as coxas contra as mãos e a lombar contra o chão. Expire e mantenha a postura por 10 segundos – o músculo da coluna que você pode sentir contraído é o psoas. Repita oito vezes.

O MOSTRADOR DO RELÓGIO

Deite de costas na postura do Gancho (ver pág. 31), eleve os joelhos acima dos quadris. Foque a atenção no movimento dos músculos da lombar e faça quatro pequenos movimentos circulares com os joelhos no sentido horário e quatro no sentido anti-horário.

ELEVAÇÃO DA LOMBAR

Esse exercício é aconselhável para problemas na lombar.
Deite de bruços com os braços alongados acima da cabeça. Dobre o joelho direito, de forma que a panturrilha fique a 90° da coxa. Relaxe os braços e a parte superior das costas e inspire. Durante a expiração, eleve o assoalho pélvico e contraia o glúteo direito. Tire o joelho direito do chão, elevando-o o máximo possível, sem tirar o osso do quadril do chão. Repita a sequência oito vezes com cada perna.

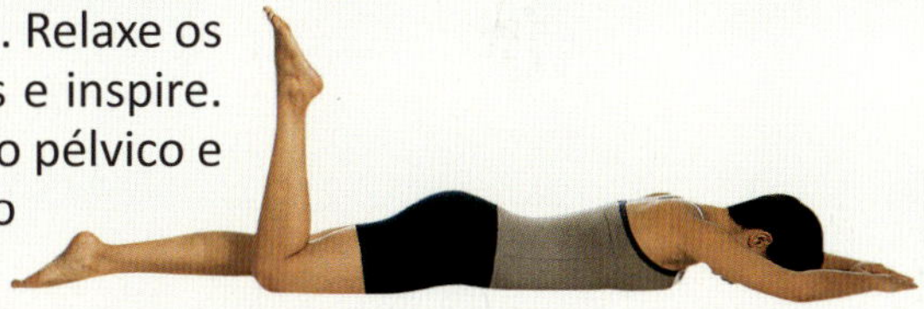

A CAVIDADE LOMBAR

Pratique esse exercício somente se não tiver problemas nas costas.
De bruços, braços alongados acima da cabeça, afaste os joelhos, dobre as duas pernas e cruze os tornozelos. Relaxe os braços e as escápulas. Inspire. Durante a expiração, eleve o assoalho pélvico, levantando os joelhos o mais alto possível, sem tirar os ossos do quadril do chão. Trabalhe somente a parte inferior do corpo e mantenha os movimentos vagarosos e controlados. Inicie com oito repetições e vá aumentando para séries de oito.

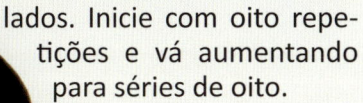

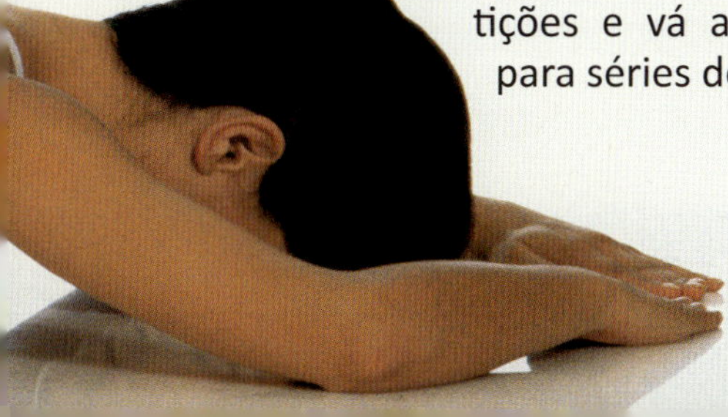

✪✪✪ A Ponte

Glúteos bem tonificados, além de atraentes, também desempenham um papel importante no suporte das costas. O músculo mais longo e mais superficial que desliza em direção aos glúteos é o *gluteus maximus*, que atua como estabilizador da lombar. De acordo com a cinesiologia, problemas como perda de libido podem estar associados a uma disfunção desse músculo; portanto, cuidar dos seus glúteos significa cuidar de sua vida sexual.

Os passos 1 e 2 desse exercício restabelecem o alongamento da coluna e trabalham o glúteo médio, que é parcialmente recoberto pelo glúteo máximo. Os passos de 3 a 5 contraem e encurtam o glúteo máximo, fortalecendo e tonificando esse importante músculo. Para executar esse exercício, você vai precisar de uma faixa elástica.

1. Coloque a faixa elástica ao redor de suas coxas e dê um nó para segurar. Coloque-se na postura do Gancho (ver pág. 31), com os braços ao longo do corpo. Inspire, eleve os músculos do assoalho pélvico e, a partir do cóccix, vá tirando a coluna do chão, formando uma ponte.

2. Na postura da Ponte, expire, contraia os glúteos e abra os joelhos para as laterais, o máximo que puder, esticando a faixa elástica. Repita o movimento mais uma vez. Inspire e role a coluna de volta para o chão, a partir da cervical, até o cóccix. Para auxiliá-lo a praticar de forma correta, projete a caixa torácica em direção à pélvis. Repita oito vezes a sequência completa.

3. Coloque-se na postura da Ponte novamente (passo 1). Inspire. Durante a expiração, tire os calcanhares do chão, equilibrando-se na parte anterior dos pés. Contraia os glúteos. Relaxe e repita oito vezes.

4. Mantendo os calcanhares no chão, eleve as pontas dos pés. Contraia os glúteos. Relaxe e repita oito vezes.

5. Eleve simultaneamente o calcanhar esquerdo e a ponta do pé direito. Contraia os glúteos. Relaxe e repita oito vezes, alternando os pés.

Trabalhando as Costas por Inteiro

Agora que você já aprendeu a trabalhar os vários músculos das costas, do serrato anterior, na parte superior, até o psoas, na região lombar, esse minitrabalho total das costas fortalecerá ainda mais esses músculos importantes.

EXTENSOR DAS COSTAS

1. Deite de bruços, pernas afastadas na largura dos quadris, palmas das mãos apoiadas nos glúteos. Inspire, erga o assoalho pélvico e contraia os glúteos. Expire e eleve suavemente a parte superior do corpo, tirando a cabeça e o peito do chão. Cuidado para manter o pescoço na linha da coluna, rosto voltado para o chão. Inspire e vá soltando o corpo vagarosamente no chão. Repita a sequência de oito a 16 vezes.

2. Deite na mesma posição do passo 1, só que com os cotovelos dobrados em um ângulo reto em relação ao seu corpo e as palmas das mãos voltadas para o chão. Expire, eleve braços, peito e tronco; inspire e abaixe, voltando ao chão. Repita a sequência de oito a 16 vezes.

◆ *Se achar que esse exercício é fácil, tente o seguinte:*
Deite de bruços no chão, estique os braços à frente e coloque uma mão sobre a outra. Eleve braços, peito e tronco, tomando cuidado para manter o pescoço alinhado com a coluna. Braços e mãos também devem estar alinhados, como extensão natural das costas. Mantenha a respiração controlada e os movimentos suaves. Para tornar esse exercício mais efetivo, adicione pesos aos punhos ou segure pesos nas mãos.

ALONGANDO A LOMBAR

1. Deite de costas no chão na postura do Gancho (ver pág. 31). Relaxe os ombros. Traga os joelhos de encontro ao peito, abrace-os firmemente e mantenha a postura por 20 segundos. Isso alongará os músculos da região lombar. Volte à postura do Gancho.

2. Abrace os joelhos de encontro ao peito e eleve a cabeça, levando o nariz em direção aos joelhos. Relaxe e repita quatro vezes o movimento.

Alongando as Costas

Seja por má postura ou por lesão, as costas (particularmente as regiões torácica e lombar) podem se tornar uma área de tensão muscular crônica.

A prática regular desses alongamentos das costas ajudará a aliviar a tensão e a dor. Você sempre pode praticar esses alongamentos após os exercícios.

Alongando as Costas   81

1. MEIA-LUA

De pé, pernas separadas, eleve os braços acima da cabeça. Segure o punho esquerdo com a mão direita. Mantendo suas pernas esticadas, incline o tronco para a direita e puxe seu punho suavemente. Você vai sentir o alongamento na lateral esquerda. Repita segurando o punho direito com a mão esquerda.

2. POSTURA DA REVERÊNCIA

Ajoelhe-se no chão, com joelhos e tornozelos unidos. Sente-se nos calcanhares e desça o tronco sobre as coxas, com os braços alongados à frente. Relaxe e mantenha a postura por 20 segundos.

3. O PÍTON

Coloque-se na posição final da postura da Reverência. Eleve os glúteos e escorregue os braços à frente, até onde for possível. Sem baixar os cotovelos, solte o peito em direção ao solo. Relaxe e mantenha essa postura por 20 segundos.

4. O TIGRE

Coloque-se na postura de quatro apoios, dedos dos pés voltados para trás e dedos das mãos voltados para a frente. Relaxe os abdominais e inspire. Expire e estabilize o centro. Projete as costas para cima e o queixo em direção ao peito, contraindo a base da coluna como um tigre se alongando. Mantenha por 20 segundos.

5. O ARCO

Deite na postura do Gancho (ver pág. 31), com os braços alongados no chão, acima da cabeça, e com as palmas das mãos voltadas para cima. Eleve seu corpo e faça a ponte. Tente visualizar toda sua coluna vertebral, de alto a baixo. Projete a caixa torácica em direção à pélvis e vá abaixando as costas, de forma que a lombar toque o chão antes dos glúteos.

6. A TORÇÃO

Sente-se com a coluna ereta e as mãos apoiadas no chão, atrás dos quadris, e com as pernas alongadas. Dobre a perna esquerda e cruze-a por cima da direita, posicionando o calcanhar em direção ao glúteo. Com o braço direito, segure a perna esquerda, colocando o cotovelo direito no lado externo do joelho esquerdo. Expire e olhe por sobre o ombro esquerdo, girando o tronco e empurrando o joelho para trás, com o cotovelo direito. Mantenha a postura por 20 segundos. Repita para o outro lado, com a perna direita dobrada e o pé direito cruzado sobre a perna esquerda.

AGORA QUE VOCÊ FORTALECEU OS MÚSCULOS ABDOMINAIS E DAS COSTAS, VAMOS AVANÇAR, EXERCITANDO E FORTALECENDO OS MÚSCULOS DO PEITO, DOS BRAÇOS E DAS PERNAS. TER PEITO FORTE E MEMBROS VIGOROSOS MELHORA O TÔNUS MUSCULAR EM GERAL E A ESTABILIDADE CENTRAL. SIGNIFICA TAMBÉM ALÍVIO DA TENSÃO NOS MÚSCULOS E LIGAMENTOS, POR CAUSA DO AUMENTO DA FLEXIBILIDADE E DA MOBILIDADE, ALÉM DE PROTEGER AS ARTICULAÇÕES – PARTICULARMENTE AS DOS QUADRIS, JOELHOS E OMBROS.

Membros Flexíveis

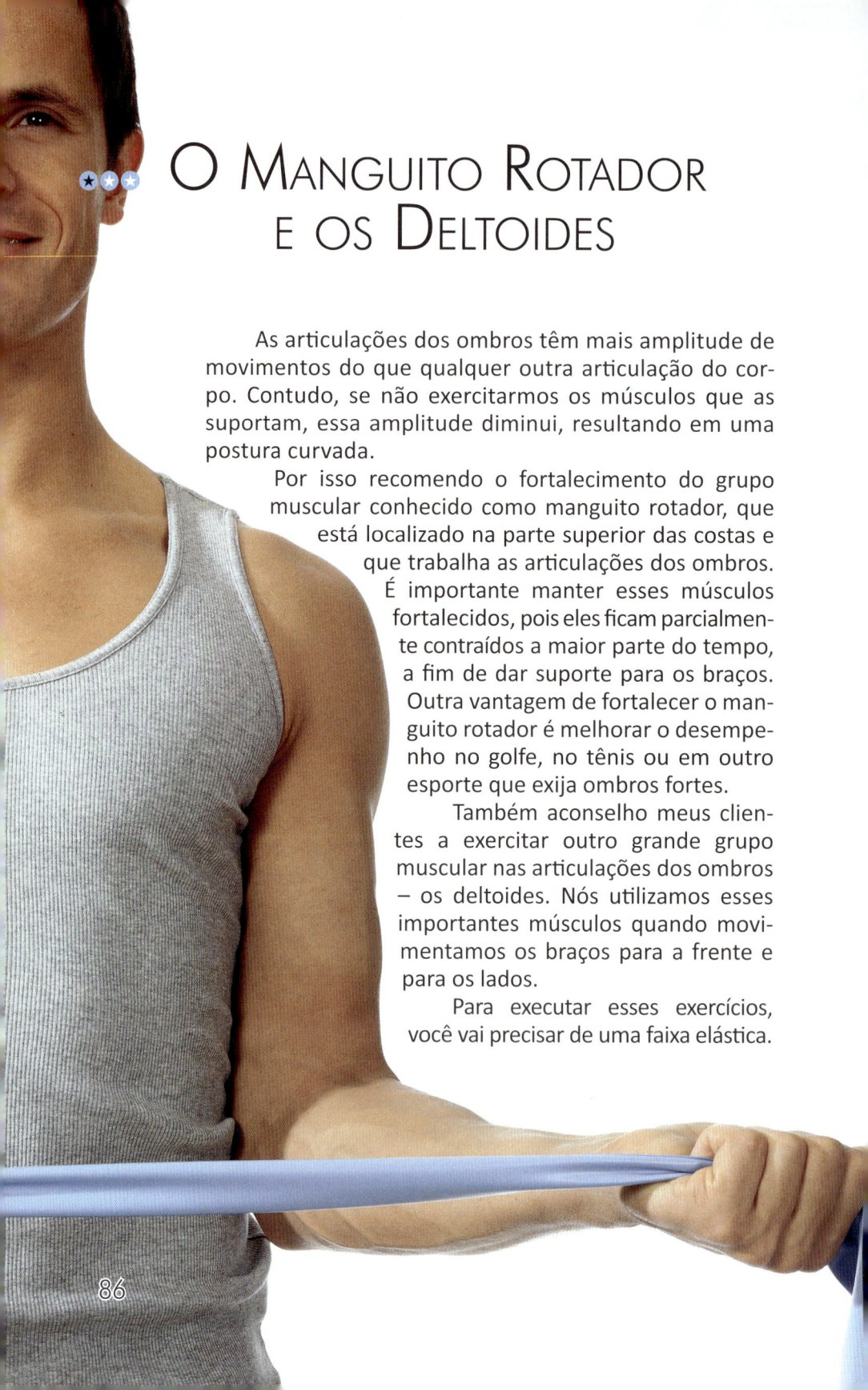

O Manguito Rotador e os Deltoides

As articulações dos ombros têm mais amplitude de movimentos do que qualquer outra articulação do corpo. Contudo, se não exercitarmos os músculos que as suportam, essa amplitude diminui, resultando em uma postura curvada.

Por isso recomendo o fortalecimento do grupo muscular conhecido como manguito rotador, que está localizado na parte superior das costas e que trabalha as articulações dos ombros.

É importante manter esses músculos fortalecidos, pois eles ficam parcialmente contraídos a maior parte do tempo, a fim de dar suporte para os braços. Outra vantagem de fortalecer o manguito rotador é melhorar o desempenho no golfe, no tênis ou em outro esporte que exija ombros fortes.

Também aconselho meus clientes a exercitar outro grande grupo muscular nas articulações dos ombros – os deltoides. Nós utilizamos esses importantes músculos quando movimentamos os braços para a frente e para os lados.

Para executar esses exercícios, você vai precisar de uma faixa elástica.

FORTALECENDO O MANGUITO ROTADOR

1. De pé, pernas bem afastadas. Segure a faixa elástica nas mãos, na largura dos ombros, com as palmas das mãos voltadas para cima. Relaxe os ombros, alongue o pescoço e encoste os cotovelos na cintura. Mantenha a faixa em frente de seu umbigo.

2. Inspire e estabilize. Durante a expiração, estique a faixa para as laterais, o máximo que conseguir, mantendo os cotovelos unidos ao tronco. Durante a inspiração, volte lentamente os braços para a posição inicial. Repita a sequência oito vezes. Na última repetição, deixe que a faixa volte até a metade e repita mais oito vezes esse meio movimento. Mantenha a estabilidade central durante toda a execução.

ELEVANDO OS DELTOIDES

Os passos 1 e 2 trabalham o deltoide anterior, enquanto os 3 e 4 concentram a atuação no deltoide médio.

1. De pé, pés afastados além da largura dos quadris. Mantenha a faixa elástica nas mãos, com a mão direita contra o quadril direito e a esquerda em frente do umbigo.

2. Inspire e estabilize. Mantenha a mão direita imóvel e, com a esquerda, estique a faixa até a altura do ombro. Repita oito vezes. Termine com oito meio-movimentos, subindo a faixa até a altura do ombro, mas voltando somente até a metade do caminho. Repita a sequência completa para o outro lado.

O Manguito Rotador e os Deltoides 89

3. Coloque uma das pontas da faixa embaixo do pé esquerdo. Segure a outra ponta com a mão esquerda e estabilize.

4. Expire e abra o braço esquerdo para fora, elevando-o até a altura do ombro; mantenha a articulação do ombro solta – não trave o ombro. Repita oito vezes e termine com oito meio-movimentos. Repita toda a sequência com o lado direito.

Bíceps, Tríceps e Peitorais

Muitos programas de exercícios focam principalmente o torso e as pernas, relegando os braços para um segundo plano. Estes exercícios vão tonificar e fortalecer seus braços. A "Energização dos Bíceps" trabalha os músculos flexores na frente dos braços, enquanto as "Flexões Pilates" e as "Extensões dos Tríceps" fortalecem a parte de trás dos braços e o músculo peitoral maior. Você precisará de uma faixa elástica para a "Energização dos Bíceps" e as "Extensões dos Tríceps".

ENERGIZAÇÃO DOS BÍCEPS

Segure uma das pontas da faixa elástica com o pé direito, sem encostá-la nos quadris. Segure a outra ponta com a mão direita. Encoste o cotovelo na linha de cintura. Inspire e faça a estabilização central. Expire e dobre o antebraço para cima em direção ao ombro direito, sempre mantendo o cotovelo junto do tronco. Repita oito vezes, bem devagar. Mude a faixa para o outro lado e repita novamente.

FLEXÕES PILATES

Fique na posição de quatro apoios. Afaste um pouco os joelhos para trás, tire os pés do chão e leve os calcanhares em direção aos glúteos. Cruze os pés na altura dos tornozelos. Afaste as mãos nas laterais, de forma que fiquem além da largura dos ombros. Inspire, estabilize o centro e baixe o tronco em direção ao solo. Durante a expiração, suba novamente o tronco. Repita oito vezes, bem devagar.

◼ *Se encontrar dificuldade para executar essas flexões, tente a seguinte variação, que é um pouco mais fácil. De pé, com as pernas afastadas na largura dos quadris, a um metro de distância de uma parede. Inspire, estabilize o centro e incline o tronco em direção à parede, tocando-a com as palmas das mãos. Os cotovelos devem estar dobrados e as mãos, na altura dos ombros. Expire e empurre o corpo de volta para a posição inicial. Repita de oito a 16 vezes.*

◆ *Se achar as flexões fáceis, tente a seguinte variação avançada. Comece na mesma posição das flexões, só que com as pernas alongadas e as pontas dos pés apoiadas no chão. Nessa posição, você vai utilizar todo o comprimento e peso do corpo. Repita os movimentos da flexão (descendo o tronco em direção ao solo e voltando). Certifique-se de que está empregando toda a estabilidade central em cada repetição. Para trabalhar mais os tríceps, junte mais os braços em direção ao corpo.*

EXTENSÃO DOS TRÍCEPS

De pé, pés afastados além da largura dos quadris. Coloque a faixa elástica debaixo do pé direito. Segure a outra ponta com a mão direita. Mantendo o cotovelo dobrado, leve a mão em direção à orelha. Inspire e estabilize o centro. Expire e estique o braço para cima, em direção ao teto. Inspire e abaixe, dobrando novamente o cotovelo. Repita oito vezes e troque de braço.

Alongando Ombros, Braços e Peitoral

Alongar os ombros, os braços e o peitoral aumenta o tônus muscular e a circulação em toda essa região, além de melhorar a rotação do ombro. É também importante fazer esses alongamentos no final de cada sessão de exercícios para evitar o encurtamento das fibras musculares. Você vai precisar de uma faixa elástica para o "Alongamento do Manguito Rotador".

Alongando Ombros, Braços e Peitoral 93

1. ALONGAMENTO DO MANGUITO ROTADOR

De pé, segure as pontas da faixa elástica por trás das costas, na altura dos glúteos (palmas das mãos voltadas para a frente). Inspire. Durante a expiração, eleve os braços, levantando a faixa acima da cabeça e abaixando-a pela frente do corpo. Mantenha os braços alongados até que a faixa tenha chegado na altura da parte anterior das coxas. Inspire. Expire e, elevando os braços acima da cabeça, passe a faixa novamente para trás dos glúteos. Mantenha os braços nivelados, movimentando ambos ao mesmo tempo. (À medida que melhorar a rotação dos ombros, faça esse exercício com as mãos mais próximas uma da outra.)

2. ALONGAMENTO DO OMBRO

De pé, coluna ereta e pés afastados na largura dos quadris, cruze o braço direito, colocando a mão sobre o ombro esquerdo, com o cotovelo dobrado. Segure o cotovelo direito com a mão esquerda. Expire e, usando a mão esquerda, gentilmente puxe o cotovelo em direção ao peito. Mantenha o alongamento por 20 segundos. Repita o alongamento com o braço esquerdo.

3. ALONGAMENTO DOS TRÍCEPS

De pé, pés afastados, leve o braço esquerdo para as costas o máximo que conseguir. Eleve o braço direito, dobre o cotovelo e desça a mão direita em direção à esquerda, segurando-a pelos dedos. (Se não alcançá-la, use uma faixa elástica ou uma toalha, fazendo uma ponte para unir o espaço entre elas. À medida que for progredindo, junte cada vez mais as mãos.) Mantenha por 20 segundos e repita, mudando a posição dos braços.

4. ALONGAMENTO DOS BÍCEPS

Execute esse alongamento apoiando-se em uma parede. Inspire. De frente para a parede, apoie a mão esquerda na parede, na altura do ombro. Posicione a palma da mão contra a parede, com os dedos apontados para cima e o polegar para baixo. Gire o corpo, ficando de costas para a parede, de modo que seu braço esquerdo fique virado na altura do ombro. Expire e rotacione o cotovelo para baixo. Não tire a mão do lugar! Mantenha o alongamento por 20 segundos e repita com o braço direito. Rotacione o braço em sentido anti-horário para o braço esquerdo e em sentido horário para o direito.

5. ABERTURA DE PEITORAL

Execute esse alongamento apoiando-se em uma parece (de preferência, fique de frente para um canto, colocando uma mão em cada parede). Coloque um pé na frente do outro e apoie uma das mãos na parede, na altura do ombro, com o cotovelo dobrado. Expire e incline o corpo para a frente. Mantenha o alongamento por 20 segundos. Repita, com as duas mãos na parede. Por fim, repita com os dois cotovelos acima da linha dos ombros.

Interno da Coxa, Externo da Coxa e Joelhos

Os músculos da coxa incluem abdutores, adutores e a faixa iliotibial (que atua como estabilizador da articulação de joelho). Esses exercícios, além de tonificar e tornear as coxas, fortalecem as articulações dos joelhos. Você vai precisar de uma faixa elástica para os "Círculos de Quadril".

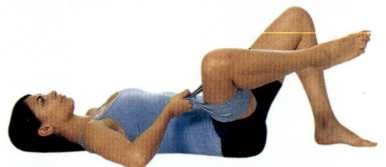

Círculos de Quadril

Deite na postura do Gancho (ver pág. 31) e envolva a coxa direita com a faixa elástica, segurando a faixa próximo à sua perna com a mão direita. Coloque a mão esquerda sobre o osso do quadril esquerdo, para que a pélvis não se movimente para os lados. Inspire e estabilize o centro. Expire, puxe suavemente a faixa, trazendo o joelho direito em direção ao peito. Mantenha os ombros relaxados e o cóccix no chão. Respirando normalmente, faça três círculos com a perna direita no sentido horário e três no sentido anti-horário. Repita para o outro lado.

Interno da Coxa, Externo da Coxa e Joelhos   97

ELEVAÇÃO DE EXTERNO DA COXA (ABDUTOR)

1. Deite sobre o lado direito do corpo, segurando a cabeça com a mão direita. Dobre a perna direita para trás em um ângulo de 90° para dar maior estabilidade para o movimento. Coloque a mão esquerda sobre o quadril e gire um pouco o quadril para a frente, apontando os dedos dos pés em direção ao solo. Em seguida, coloque a mão esquerda no chão à sua frente.

2. Eleve a perna esquerda, cerca de 12 centímetros do chão (não deixe a perna descer mais do que isso entre as repetições). Inspire e estabilize o centro. Durante a expiração, eleve a perna esquerda em direção ao teto (dedos dos pés apontados para baixo) e, em seguida, desça-a (até a altura dos 12 centímetros acima do chão). Repita oito vezes. Repita mais oito vezes, dessa vez elevando a perna e deixando-a descer até o meio. Mantenha a estabilidade central durante os movimentos. Repita a sequência completa para o outro lado. Durante os movimentos, verifique se não girou o quadril para trás e se os dedos dos pés continuam apontados em direção ao solo.

ELEVAÇÃO DE INTERNO DA COXA (ADUTOR)

1. Deite sobre o lado direito do corpo, em uma linha reta, segurando a cabeça com a mão direita. Dobre o joelho esquerdo e apoie-o no chão à sua frente. Na postura, o interno da coxa direita ficará voltado para cima.

2. Estique o pé direito com os dedos em ponta. Inspire e estabilize o centro. Expire e suavemente eleve oito vezes a perna direita (eleve o mais alto que conseguir e baixe até quase tocar o chão). Em seguida, flexione o pé direito, apontando os dedos em direção ao seu corpo, projete bem o calcanhar para fora e repita o movimento mais oito vezes. Por último, com a perna elevada, sem tocar o chão, faça quatro movimentos circulares, a partir da articulação de quadril, sempre mantendo a perna alongada. Repita toda a sequência deitando sobre o lado esquerdo do corpo.

★★☆ Quadríceps e Isquiotibiais

Os quadríceps (ou "quads") são um grupo de quatro músculos localizados na parte anterior das coxas. Juntos, eles atuam como um potente extensor do joelho. Eles estão, quase sempre, envolvidos nos casos de dor ou instabilidade dos joelhos e, se forem cronicamente curtos ou rígidos, podem contribuir para as dores na região lombar. Os músculos isquiotibiais da parte de trás das coxas ajudam na flexão da perna e são os músculos necessários para as atividades diárias, como andar. Se cronicamente curtos ou rígidos, podem causar dor na lombar, dor no joelho e diferença no comprimento das pernas. Isquiotibiais fracos também podem ser a causa de "genuvalgo" (joelhos voltados para dentro) e contribuir para a Síndrome das Pernas Inquietas e pernas cansadas.

QUADRÍCEPS E ISQUIOTIBIAIS 99

ELEVAÇÃO DOS QUADRÍCEPS

1. Deite de costas, pernas alongadas e braços ao longo do corpo. Dobre a perna direita, apoiando o pé no chão. Eleve um pouco a perna esquerda, mantendo o calcanhar flexionado. Inspire e estabilize o centro. Expire e eleve completamente a perna esquerda. Mantenha a estabilidade central.

2. Alongue o pé esquerdo. Mantenha cerca de 4 segundos e abaixe a perna vagarosamente até quase tocar o chão. Inspire para preparar a próxima repetição, flexionando o pé e repetindo o movimento a partir do passo 1. Repita o movimento oito vezes.

3. Mantendo o pé esquerdo alongado e a estabilidade central, abaixe a perna até o nível da coxa direita. Suba e desça a perna até essa altura oito vezes. Repita oito vezes a sequência completa com a perna direita.

TRABALHANDO OS ISQUIOTIBIAIS

1. Deite de bruços com as pernas alongadas, afastadas na largura do quadril. Relaxe o tronco e dobre a perna esquerda em um ângulo de 90°, com o pé apontado para cima. Mantenha os ossos do quadril em contato com o chão. Tire o joelho esquerdo do chão e mantenha-o nessa altura durante todo o exercício.

2. Inspire e estique a perna esquerda. Eleve o assoalho pélvico, contraia o glúteo esquerdo e, durante a expiração, volte a perna para o ângulo de 90°. Repita oito vezes e em seguida faça a sequência completa com a outra perna.

Coxas de Tobago

Desenvolvi esse exercício para uma cliente que tinha dificuldade de movimentar os quadris, por causa da rigidez nas articulações causada pela ciático. Ela também queria tonificar quadris e coxas para sua viagem anual para a Ilha de Tobago, no Caribe – mas você não precisa ir a Tobago para aproveitar os benefícios desse exercício. O músculo do quadril que será trabalhado é o glúteo médio.

1. Deite sobre o lado direito do corpo, apoiando a cabeça com a mão direita e os joelhos dobrados à frente. Mantenha os pés unidos. Inspire e estabilize o centro.

2. Durante a expiração, eleve o joelho esquerdo. Pé esquerdo apoiado sobre o direito, calcanhares unidos e coxas abertas em um ângulo de 90°. Preste atenção para movimentar a perna esquerda a partir da articulação de quadril – não use a pélvis. Em seguida, gire um pouco o peito em direção ao solo, mantendo as pernas na mesma posição. Repita oito vezes.

3. Inspire, estabilize o centro e eleve o joelho esquerdo, de forma que as coxas formem novamente um ângulo reto. Expire e, mantendo o joelho dobrado, eleve a perna esquerda para cima, desenhando um semicírculo imaginário no ar.

4. Coloque o joelho esquerdo no chão, à sua frente. Faça uma torção no quadril, de forma que a sola do pé esquerdo fique voltada para cima. Repita oito vezes.

5. Coloque novamente o joelho esquerdo no chão à sua frente. Inspire e estabilize o centro. Durante a expiração, alongue a perna esquerda em um ângulo de 90° em relação ao dorso. Rotacione o quadril, eleve a perna esquerda e alongue-a para cima, como se quisesse colocar a sola do pé no teto. Repita oito vezes. Vire para o outro lado e repita a sequência completa.

❗ *Se a articulação de sua coxa tem uma mobilidade limitada, e você consegue elevar a perna só até a metade, não se preocupe. Tente soltar a articulação executando regularmente os "Círculos de Quadril" (ver pág. 96).*

Alongando Perna e Quadril

Músculos isquiotibiais ou quadríceps curtos podem causar dor na lombar e nos joelhos e, se os isquiotibiais forem rígidos, podem restringir o movimento quando você anda ou corre. Os isquiotibiais e os músculos adutores, conhecidos como "músculos do desenvolvimento", são os músculos do corpo que mais podem ser alongados. Alongar as pernas estabiliza e protege as articulações dos joelhos e aumenta a mobilidade, o que é importante se você é um esportista. Você vai precisar de uma faixa elástica para os alongamentos de perna. (Incluí também um alongamento de quadril para o músculo piriforme, já que a rigidez do quadril pode causar dor ciática nas pernas.)

1. Alongando os quadríceps

Deite de bruços no chão com a testa apoiada sobre a mão esquerda e as pernas afastadas na largura dos quadris. Flexione a perna direita. Segure-a com a mão direita e puxe-a de encontro aos glúteos (se não alcançar o pé, enrole-o com a faixa elástica e puxe-o pela faixa). Empurre os quadris em direção ao solo para aumentar o alongamento na parte anterior de coxa. Expire e segure por 20 segundos. Repita com a perna esquerda.

2. Alongando os isquiotibiais e o abdutor

(Esse exercício combina dois alongamentos que, para facilitar, devem ser executados um depois do outro de um lado do corpo, antes de serem repetidos para o outro lado.)

A. Deite de costas com as pernas alongadas à frente. Dobre a perna esquerda em direção ao seu peito e coloque a faixa elástica ao redor da parte anterior do pé. Segure as duas pontas da faixa com a mão esquerda. Alongue a perna esquerda em direção ao teto, com o pé flexionado e o joelho alongado. Expire e mantenha a postura até sentir que o alongamento da parte posterior da coxa começa a se dissipar – então inspire e expire à medida que traz a coxa um pouco mais perto do peito.

B. Mantendo a perna esquerda alongada, troque de mão e segure a faixa com a mão direita para alongar o abdutor. Alongue a perna esquerda em direção ao ombro direito, mantendo os quadris em contato com o solo. (Esse é um movimento curto, mas você saberá exatamente quando chegou na posição correta porque vai sentir o alongamento do músculo abdutor.) Expire e mantenha a postura por 20 segundos. Troque de perna e repita os alongamentos dos isquiotibiais e do abdutor com o lado direito.

3. ALONGANDO O ADUTOR

Deite de costas no chão na postura do Gancho, enrole a faixa elástica ao redor da parte anterior de seu pé esquerdo. Segure a faixa com a mão esquerda e estique a perna até que ela fique reta. Coloque a mão direita na parte interna da coxa direita, abrindo-a para a lateral direita. Abra a perna esquerda para o lado esquerdo, abrindo bem o quadril. Mantenha a perna esquerda reta. Quando sentir o alongamento interno da coxa, expire e mantenha até que o alongamento se dissipe. Repita a sequência com a perna direita.

❗ *Os isquiotibiais e adutores podem ser desenvolvidos com o tempo e com paciência. Cada vez que perceber que não sente mais o alongamento, gentilmente comece a exigir um pouco mais da musculatura.*

4. ABERTURA DE QUADRIS

Deitado, na postura do Gancho, coloque o tornozelo esquerdo sobre o joelho direito. Coloque a mão direita por trás da coxa direita e puxe-a em direção ao ombro direito, sempre mantendo a lombar em contato com o chão. Empurre o joelho esquerdo com a mão esquerda, para ampliar o alongamento. Expire e mantenha a postura por 20 segundos. Você vai sentir o alongamento no lado esquerdo do quadril. Troque a posição das pernas e alongue o lado direito.

Sequência Pilates

Depois de ter passado por todos os meus exercícios Pilates, você certamente vai querer colocá-los em uma sequência para as práticas regulares. Para isso fiz um plano com algumas sequências que podem ser executadas de acordo com a disponibilidade de tempo e o nível alcançado – cada um deles proporciona um programa de trabalho bom e bem equilibrado.

Não se esqueça de se aquecer antes de iniciar os exercícios, mesmo que seja uma prática rápida, para evitar tensão ou que se machuque. Você pode fazer os aquecimentos das págs. 38-39 ou, se preferir, pode começar com exercícios cardiovasculares, como uma caminhada. Se for iniciante, comece com o programa de 10 minutos, aquecendo o corpo com uma caminhada de 20 minutos: 5 minutos a passo normal, 10 minutos com passo médio, terminando com 5 minutos de passo normal.

PROGRAMAS DE 10 MINUTOS

INICIANTE:

. Aquecimento Pilates (págs. 38-39)
. Andando na corda bamba – passo 1, ambos os lados (pág. 28)
. Deslizamento dos calcanhares, oito vezes cada perna (pág. 43)
. Caracol pélvico, oito vezes (pág. 43)
. Elevação dos glúteos (posição deitada), 16 vezes (pág. 35)
. A cobra (pág. 57)
. Círculos de quadril com faixa, três vezes para cada lado com cada uma das pernas (pág. 96)
. O arco (pág. 82)

INTERMEDIÁRIO:

. Aquecimento Pilates (págs. 38-39)
. A cegonha (pág. 29)
. Puxando a corda, oito vezes (pág. 47)
. Arcos Abdominais – passo 2, oito vezes (pág. 51)
. Alongamento da cobra (pág. 57)
. A sereia – passo 2, oito vezes de cada lado (pág. 73)
. Extensor das costas – passo 2, oito vezes (pág. 79)
. Postura da reverência (pág. 81)
. O píton (pág. 81)
. O tigre (pág. 82)

AVANÇADO:

. Aquecimento Pilates (págs. 38-39)
. A cegonha, 2 minutos com cada perna (pág. 29)
. Abdominais vigorosos – passo 2, 16 vezes, manter cada repetição durante alguns segundos, na posição elevada (pág. 45)
. Arcos abdominais – passo 3, oito vezes (pág. 51)
. A esfinge (pág. 57)
. A cobra (pág. 57)
. A sereia – passos 4 e 5, oito vezes de cada lado (pág. 73)
. Extensor das costas – opção avançada, oito vezes (pág. 79)
. Postura da reverência (pág. 81)
. O píton (pág. 81)
. A meia-lua (pág. 81)

PROGRAMAS DE 30 MINUTOS

INICIANTE:

. Aquecimento Pilates (págs. 38-39)
. Andando na corda bamba (pág. 28)
. Espiral de pescoço (pág. 61)
. Elevação pélvica, oito vezes (pág. 31)
. A borboleta – passos 1 e 2, oito vezes (pág. 49)
. Arcos abdominais – passo 1, oito vezes de cada lado (pág. 51)
. O inseto – passos 1 e 2 com peso leve, oito vezes (pág. 55)
. Alongamento da ponte (pág. 57)

. A ponte – passos 1 e 2 com faixa elástica, oito vezes (pág. 77)
. Abertura de quadris, ambos os lados (pág. 103)
. Elevação da lombar, oito vezes de cada lado (pág. 75)
. Elevação dos romboides, oito vezes (pág. 64-65)
. O tigre (pág. 82)
. O píton (pág. 81)
. Elevação de externo da coxa – passos 1 e 2, oito vezes de cada lado (pág. 97)
. Elevação dos quadríceps, oito vezes de cada lado (pág. 99)
. Alongando os isquiotibiais e o abdutor com faixa elástica, ambas as pernas (págs. 102-103)
. Alongando o abdutor, ambas as pernas (pág. 103)
. Alongando os quadríceps, ambas as pernas (pág. 102)
. Postura da reverência (pág. 81)
. Fortalecendo o manguito rotador com faixa elástica, oito vezes (pág. 87)
. Extensão dos tríceps com faixa elástica, oito vezes de cada lado (pág. 91)
. Alongamento do manguito rotador, três vezes (pág. 93)
. Alongamento dos tríceps, ambos os lados (pág. 94)

INTERMEDIÁRIO:

. Aquecimento Pilates (págs. 38-39)
. Andando na corda bamba – passo 3 (pág. 28)
. Puxando a corda, oito vezes (pág. 47)
. Alongando a lombar (pág. 79)
. O inseto – passo 4, oito vezes, com pesos leves (pág. 55)
. A borboleta – passos 1 e 2, oito vezes (pág. 49)
. Alongamento da ponte (pág. 57)
. A ponte – passos 1 e 2, oito vezes (pág. 77)
. A ponte – passos 3 a 5, 24 repetições (pág. 77)
. A torção, ambos os lados (pág. 83)
. Flexões Pilates, oito vezes, descansar 5 segundos e repetir oito vezes (pág. 91)
. Coxas de Tobago – passos 1 a 5, ambos os lados, 24 repetições de cada lado (pág. 101)
. Alongando os isquiotibiais e o abdutor com faixa elástica, ambos os lados (págs. 102-103)
. Abertura de quadris, ambos ao lados (pág. 103)
. Abertura de peitoral – passo 5 (pág. 95)
. Asas de anjo com faixa elástica, oito vezes (pág. 71)
. Energização dos bíceps, oito vezes de cada lado (pág. 90)

. Extensão dos tríceps, oito vezes de cada lado (pág. 91)
. Alongamento do ombro (pág. 93)
. Alongamento dos tríceps, ambos os lados (pág. 94)
. Alongamento dos bíceps, ambos os lados (pág. 94)
. A meia-lua – passo 1 (pág. 81)

AVANÇADO:

. Aquecimento Pilates (págs. 38-39)
. A cegonha, 2 minutos cada perna (pág. 29)
. Espiral de pescoço (pág. 61)
. Arcos abdominais – passo 3, oito vezes de cada lado (pág. 51)
. O inseto – passo 4, oito vezes com pesos (pág. 55)
. Puxando a corda – opção avançada, 16 vezes (pág. 47)
. Trabalhando os isquiotibiais com pesos, oito vezes cada perna (pág. 99)
. Extensor das costas – opção avançada, 16 vezes, com pesos nas mãos se necessário (pág. 79)
. Postura da reverência (pág. 81)
. O píton (pág. 81)
. Flexões Pilates, braços distanciados – postura avançada, 16 vezes (pág. 91)
. O tigre, três vezes (pág. 82)
. Redutor de cintura com peso na perna, oito vezes de cada lado (pág. 53)
. A sereia – passos 4 e 5 com pesos, oito vezes de cada lado (pág. 73)
. Elevação de externo da coxa – passos 1 e 2 com pesos, oito vezes de cada lado (pág. 97)
. Alongando os isquiotibiais e o abdutor com faixa elástica, ambos os lados (págs. 102-103)
. Alongando o abdutor, ambos os lados (pág. 103)
. Abertura de quadris, ambos ao lados (pág. 103)
. Flexão dos ombros com pesos, 16 vezes (pág. 67)
. Alongamento lateral de pescoço, ambos os lados (pág. 61)

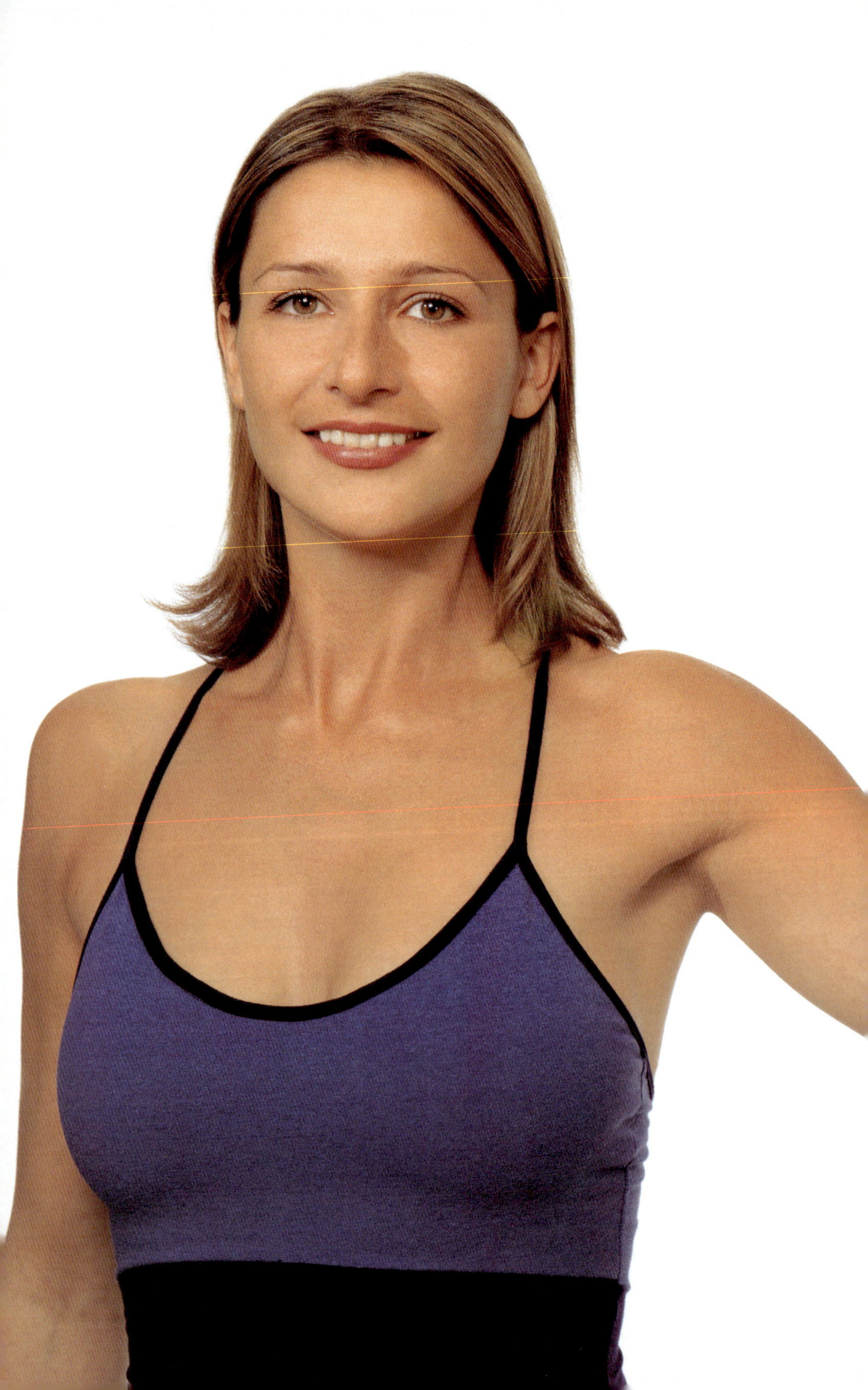

Terapia Alimentar

Comer comida fresca e deliciosa pode demandar um pouco mais de tempo e preparação do que comer "refeições prontas", mas o sabor é bem melhor e resultará em uma forma mais saudável e completa de alimentação.

Neste capítulo damos uma olhada nos elementos-chave de nutrição, tais como equilibrar o consumo e a necessidade de energia; a importância das vitaminas e dos minerais; por que precisamos tomar muita água; e o conceito muitas vezes desprezado da comida como prazer. E, é claro, divido com vocês minhas receitas favoritas, que vão tornar suas refeições mais saborosas e saudáveis!

EU COMO POR PRAZER E PARA TER ENERGIA. ALGUMAS DAS MELHORES REFEIÇÕES QUE JÁ SABOREEI FORAM FEITAS EM CASA, REPLETAS DE SABOR E INGREDIENTES SAUDÁVEIS, E NA COMPANHIA DE AMIGOS. MEU SEGREDO É SIMPLES: VARIEDADE. COMER O QUE É PRÓPRIO DA ESTAÇÃO, BEBER MUITA ÁGUA E EQUILIBRAR A INGESTÃO ALIMENTAR COM AS NECESSIDADES ENERGÉTICAS PARA MANTER O PESO. NÃO É PRECISO TER A HABILIDADE DE UM *CHEF*, MAS É PRECISO TER UM BOM APETITE. É AQUI QUE COMEÇA UMA ALIMENTAÇÃO SAUDÁVEL.

COMO COMER

O Equilíbrio Energético

Você deve ouvir muitas pessoas reclamar que não têm energia – você mesmo pode se sentir assim algumas vezes. Você já pensou por quê? Provavelmente você culpa a falta de sono ou o excesso de trabalho. Mas você já considerou a possibilidade da causa ser o fato de não estar se alimentando direito? Além do mais, comida é a maior fonte de energia do corpo. Vou provar que, ao fazer escolhas acertadas sobre o que vai comer, você pode aumentar seus níveis de energia e manter o peso ideal (ou até perder peso, se for o caso).

Primeiramente, quero que esqueça tudo sobre dietas emagrecedoras! No meu conceito, "dieta" é uma palavra proibida. Fazer dieta acaba com sua energia e com muito mais; por exemplo, ela desidrata, afeta a aparência da pele, interfere no sono, baixa a autoestima, aumenta o estresse, diminui a libido e a alegria de viver em geral.

Deixe-me explicar por quê. Se você não come o suficiente, o cérebro envia uma mensagem para o corpo, dizendo que está faltando alguma coisa. Seu metabolismo começa a diminuir, a desacelerar, para conservar a energia e se preparar para estocar a próxima ingestão de comida em forma de gordura, para o caso de vir a faltar novamente. Em seguida, o cérebro dá o alerta para as glândulas adrenais liberarem os hormônios epinefrina (adrenalina) e cortisol. Isso desvia as glândulas adrenais de sua função de rejuvenescimento e recuperação celular para liberar suprimentos de energia para o açúcar estocado em seu fígado e seus músculos. Então, o cortisol começa a buscar mais energia nos músculos. O açúcar produzido nesse processo é imediatamente estocado em suas células como gordura, pronta para protegê-lo em uma futura carência, e o ciclo continua. Assim, a dieta interfere na forma pela qual seu corpo normalmente processa o alimento e libera energia.

O que você come também é muito importante. Se você quer que seu corpo funcione a "todo vapor", precisa ingerir alimentos que contenham carboidratos, como massa, pão integral, frutas e vegetais frescos, que ajudam seu corpo a liberar energia durante todo o dia. Se, ao contrário, você confia nos doces, como chocolate, sorvete ou bolos, para aumentar sua energia, você vai sentir alteração de humor, irritabilidade e hiperatividade. Quando a taxa de açúcar baixar (e vai baixar depressa), você vai pedir mais e mais açúcar, ficando preso a um círculo vicioso, como um "viciado em açúcar". O açúcar também esgota os níveis de Vitamina B e deixa seu corpo obeso, com pele e tônus muscular deteriorados. Não é um quadro ideal, é?

Vamos agora levar em consideração quanto e o que você deve comer para ter um nível ideal de energia, e o que pode comer se estiver acima do peso e quer emagrecer. A regra de ouro é comer com moderação. Comer demais causa ganho de peso e talvez uma quebra nos níveis de energia, porque seu corpo vai tirar mais energia dos músculos para ajudar a digerir o excesso de comida. Quando comer, coma o suficiente para satisfazer seu apetite e pare de comer antes de se sentir "cheio". Dessa forma, você produzirá combustível suficiente para energizar, sem produzir excesso de combustível, que vai acabar sendo estocado como gordura. Isso aumentará sua estamina, sua resistência, e você não se sentirá letárgico. Sempre que possível, coma comida "de verdade": fresca, variada e mais natural possível. Para mim, "comida de verdade" significa qualquer tipo de alimento que possa ser picado, colhido, extraído, caçado ou pescado. Faça três refeições balanceadas por dia, com dois lanches nos intervalos. Quando você precisar de mais energia (quando estiver estressado, por exemplo), faça cinco refeições menores por dia. E finalmente, a forma de perder peso e manter os níveis de energia é simplesmente uma questão de equilíbrio – gordura é energia acumulada, então você deve estar ingerindo mais energia do que está consumindo. Uma boa nutrição é fonte de energia, enquanto os exercícios são uma forma de gastá-la.

Todos nós nascemos com uma determinada quantidade de células gordurosas. Isso é determinado geneticamente quando ainda estamos no útero materno. Não temos controle sobre a quantidade de células com que vamos nascer, mas podemos escolher, por meio de nossos hábitos alimentares, a quantidade de gordura que colocaremos nelas. Se você quer emagrecer, não corte radicalmente nenhum de seus principais grupos alimentares (como se recomenda, por exemplo, em uma "dieta de baixo carboidrato"). Isso só acarretará um desequilíbrio de açúcar e problemas futuros. Coma a comida mais equilibrada, variada, não refinada e da melhor qualidade possível. Tenha o propósito de perder de 500 gramas a 1 quilo por semana. Aumente também os níveis de exercícios. Quando você se exercita e se alimenta de forma saudável, você desenvolve mais tecido muscular e acumula menos gordura. Essas mudanças se refletirão em um corpo com menos gordura, o que é mais importante para sua saúde do que os quilos que você perde. Você também vai notar uma melhora na forma física e no tônus geral de seu corpo. Se achar que não está perdendo peso, diminua um pouco a quantidade de carboidratos até que perca os 500 gramas – 1 quilo de peso por semana. Da mesma forma, se estiver perdendo mais de 1 quilo por semana, aumente um pouco a ingestão de carboidratos.

VITAMINAS E MINERAIS

Atualmente a mídia fala muito sobre vitaminas e minerais e a importância desses itens para nossa saúde e bem-estar. Mas quantos de nós realmente sabem o que são, por que precisamos deles e como ter certeza de que nosso corpo está recebendo a quantidade necessária de cada um? Vamos ver isso um pouco mais de perto.

Vitaminas e minerais são normalmente chamados de "micronutrientes" porque nossos corpos precisam de pequenas quantidades deles para que funcionem adequadamente. Os cientistas identificaram cerca de 15 vitaminas e outros 15 minerais vitais para nossa saúde. Uma de suas muitas funções é converter carboidratos e gordura em energia, regulando o metabolismo, ajudando a absorção de minerais e mantendo a saúde do cérebro, do sistema nervoso, da pele, dos dentes e dos ossos.

A maior parte das vitaminas de que precisamos pode ser obtida dos alimentos, pois nossos corpos são incapazes de produzi-las. Existem dois tipos de vitaminas: as solúveis em gordura, como as vitaminas A, D, E e K; e as solúveis em água, como todas as vitaminas B e C. Qualquer excesso de vitamina solúvel em gordura fica estocado em nossos tecidos gordurosos e pode ser perigoso para a saúde. Por outro lado, as vitaminas solúveis em água não podem ser estocadas pelo corpo (com exceção da Vitamina B_{12}) e são excretadas por meio da urina – por isso precisamos nos assegurar da ingestão regular dessas vitaminas (ver "Quadro Nutricional", págs. 144-149).

Muitas pessoas provavelmente lembram, dos tempos de escola, de que os minerais são elementos químicos. Eles podem ser divididos em duas categorias: os macrominerais, como potássio, cálcio e magnésio, que nosso corpo necessita em quantidades maiores; e os microminerais, como ferro e zinco, que são necessários em pequenas quantidades. Novamente, a maior parte da ingestão de minerais é proveniente da alimentação – particularmente do reino vegetal. Contudo, alguns, como o cálcio, por exemplo, também provêm de produtos do reino animal, como o leite.

Um grupo de vitaminas e minerais que ultimamente tem ganhado destaque são os chamados antioxidantes: vitaminas A (como betacaroteno), C e E, e os minerais selênio, ferro, zinco, cobre e manganês. Encontrados principalmente nas frutas frescas e nos vegetais, acredita-se que os antioxidantes protegem o corpo contra o ataque dos efeitos negativos dos radicais livres – moléculas instáveis, produzidas naturalmente pelo corpo durante os processos que envolvem o oxigênio, como respiração e geração de energia. Também assimilamos radicais livres do mundo exterior. Os radicais livres produzidos em nossos corpos são benéficos, pois fazem parte de nosso sistema imunológico e atacam os invasores. Mas os radicais livres a mais que absorvemos do meio ambiente podem sobrecarregar nossos corpos, causando problemas cardíacos, câncer e envelhecimento prematuro. Ingerimos radicais livres potencialmente perigosos por meio da inalação de fumaça de cigarro; da exposição à radiação, como raios-X e computadores; da alimentação, como frituras, churrasco, comidas altamente processadas, ingestão excessiva de bebida alcoólica; e da medicação, como antibióticos e esteroides. Contudo, a boa notícia é que você pode se proteger dos radicais livres nocivos à saúde com uma dieta rica em antioxidantes (ver "Quadro Nutricional" págs. 144-149) e, como "medida de segurança", ingerir diariamente um suplemento de antioxidantes. Pesquisas recentes realizadas na Universidade da Califórnia mostram que a combinação de ácido alfalipoico, L-carnitina e coenzima Q10 é um poderoso antioxidante, que eleva os níveis de energia do corpo e reverte o processo de envelhecimento de uma forma tão eficiente que tem sido considerada como "elixir da juventude".

Finalmente, é importante incluir em sua dieta substâncias chamadas de fitonutrientes, como os flavonoides, os carotenoides e os fitoestrógenos. Esses componentes benéficos para a saúde são encontrados somente em frutas frescas, vegetais e comidas integrais. Pesquisas têm demonstrado também que a alta ingestão de fitonutrientes pode ajudar a combater as doenças degenerativas e aumentar a expectativa de vida do ser humano.

COMBATENDO A OSTEOPOROSE

Osteoporose significa, literalmente, "ossos porosos", uma doença na qual se formam pequenos buracos nos ossos, tornando-os frágeis e mais suscetíveis a fraturas. Pode afetar todo o sistema ósseo, porém é mais comum causar fratura nos quadris, na coluna ou nos punhos, perda de altura e curvatura da coluna. Você pode pensar que essa é uma doença que acontece somente com pessoas idosas. Nada disso! De acordo com a Fundação Nacional de Osteoporose dos Estados Unidos e a Sociedade Nacional de Osteoporose da Inglaterra, uma em cada três mulheres e um em cada 12 homens acima dos 50 anos de idade desenvolve essa doença. Mas, adotando determinadas estratégias de estilo de vida, você pode diminuir o risco de desenvolver a doença e manter seu sistema ósseo forte e flexível.

Experimente adotar uma dieta balanceada, com alimentos ricos em cálcio, para manter a massa óssea. Esses alimentos incluem sardinha, nozes, *tahine*, queijo duro de baixa gordura, feijões, vegetais verdes frescos, tofu e frutas secas. Seu corpo também precisa de vitamina D (para ajudar na absorção do cálcio) e magnésio (para metabolizar o cálcio e sintetizar a vitamina D). A melhor fonte de vitamina D é o sol – então passe mais tempo ao ar livre. Inclua também peixe rico em gordura em sua dieta, como o salmão, por exemplo.

Outras medidas preventivas que você pode tomar incluem exercícios como correr, saltar, caminhar e treinamento com pesos, que também é excelente para aumentar a densidade óssea.

A Fonte da Juventude

Beber água pura é essencial para a saúde e para a beleza, ajudando a manter a pele macia e jovem. Porém, o mais importante, assim como o oxigênio, é necessário para nossa sobrevivência. Precisamos beber de oito a dez copos de água por dia (aproximadamente 2 litros) para manter um equilíbrio adequado. Essa é a recomendação mínima, tendo em mente que um corpo adulto saudável elimina 2,5 litros de água por dia. Contudo, você vai precisar de mais do que isso se estiver doente, se tiver febre, se estiver se exercitando, grávida ou amamentando. A quantidade de água que você necessita depende de seu estilo individual de vida, mas a regra de ouro é que você tome um litro de água para cada mil calorias que queima. Lembre-se de que você está queimando caloria o tempo todo, mesmo quando está descansando, e quanto mais tecido muscular tiver, mais caloria vai gastar.

Nosso corpo é composto por 70-75% de água – importante tanto para regular a temperatura do corpo como para dissolver os sólidos e transportar os nutrientes pelo corpo. A água ajuda a pele e os rins a eliminar as toxinas, limpando nosso corpo, tanto interna quanto externamente. Não beber água suficiente pode prejudicar sua saúde: você pode perder energia; pode sofrer de problemas digestivos; as fibras de sua alimentação podem se tornar incapazes de eliminar as toxinas do corpo; e as funções do fígado e dos rins podem ficar comprometidas. Se você tem problemas com inchaço causado pela retenção de líquidos (no período pré-menstrual ou não), você vai perceber que quanto mais água beber, maior a facilidade de eliminar o excesso de água de seu corpo. Isso porque a água dilui a concentração de sódio no corpo, que causa a retenção de líquidos.

Você pode achar lógico que, quando estiver desidratado, sentirá sede. Mas, até que o cérebro envie os sinais para ingestão de líquido, você provavelmente já perdeu uma grande quantidade de água do corpo. Então, em vez de ficar esperando sentir sede, é bom conhecer os sintomas clássicos da perda de líquido e iniciar o processo de reidratação antes que a situação fique mais séria. Os sintomas são: urina escura e de cheiro forte, constipação, cãibra, dor de cabeça, boca seca, língua grossa ou mau hálito, letargia e falta de concentração, tontura, cansaço ou irritabilidade. (É lógico que muitos desses sintomas podem também ser indício de alguma doença; então, se algum deles persistir, consulte um médico.)

Água é seu maior bem líquido. Seja uma uva, mas não uma uva passa!

BEBA MAIS ÁGUA

Meus três "Rs" não são ensinados nas escolas, mas deveriam ser – reviver, refrescar e reidratar. Siga as regras abaixo para manter os níveis adequados de água no corpo.

- Comece o dia com uma caneca de água morna e uma fatia de limão fresco para limpar seu organismo e liberar as toxinas do seu fígado.

- Se não estiver acostumado a tomar 2 litros de água por dia, tente beber um pouco por vez, de hora em hora, desde que levanta até quando vai se deitar.

- Se sentir fome, beba um ou dois copos de água antes de comer – algumas vezes a sensação de desidratação pode ser confundida com fome.

- Estimule-se a beber mais água, mantendo um copo em sua mesa de trabalho, ou uma garrafa em sua bolsa ou no carro.

- Beba água antes e durante os exercícios. Tome um copo pequeno cerca de 15 minutos antes de iniciar, e tome pequenos goles em intervalos regulares durante o exercício – a água vai ajudar seu metabolismo a queimar gordura e economizar o suprimento de glicogênio (energia) de seus músculos.

- Sempre beba mais água se estiver em um clima quente (ou em uma sala abafada), para compensar o que vai perder pelo aumento da transpiração.

- Quando você está com gripe, resfriado, febre, vômito ou diarreia, seu corpo perde água mais rapidamente do que o normal e é fácil ficar desidratado. Procure compensar a perda extra bebendo mais água.

- Se você gosta de tomar chá ou café, procure compensar o efeito diurético da cafeína que eles contêm e tome dois copos a mais de água para cada xícara de chá ou café que beber. (Experimente também os chás de erva – são uma alternativa mais saudável.) Alguns refrigerantes também contêm cafeína. Verifique os rótulos e, se consumir cafeína dessa forma, beba um pouco mais de água.

A Experiência de Comer

Comer é um prazer simples e sensual. A comida que vemos, cheiramos, tocamos ou seguramos – até o som do preparo de uma refeição – pode contribuir para o nosso prazer no paladar e para aprimorar a experiência de comer. É por isso que um banquete tranquilo de pão preto, verduras frescas, azeitonas, queijo curado, frutas maduras e um *smoothie** longo e gelado é muito mais prazeroso do que um sanduíche rápido engolido com um refrigerante. A digestão também funciona melhor quando você dá tempo suficiente para saborear o que está comendo.

Contudo, no Ocidente, a vida moderna é cada vez mais rápida e, para conseguir fazer tudo de que precisamos, é comum economizarmos tempo, fazendo lanches rápidos entre um afazer e outro. Se, por um lado, nem sempre é viável fazer uma refeição tranquila, usar a hora do lanche para trabalhar ou para adiantar tarefas também não ajuda a melhorar em nada o seu bem-estar. Mesmo que tenha somente meia hora de almoço, você vai conseguir trabalhar muito melhor se utilizar esse tempo para parar e focar sua atenção no ato de comer. Tente, algumas vezes, levar refeições leves ou lanches preparados em casa (veja receitas nas págs. 130-143) e, de vez em quando, se dê o direito de fazer uma refeição econômica em seu café favorito – o tempo que você gasta preparando o almoço ou esperando por uma mesa no café será mais do que compensado pelo prazer e pelos benefícios que terá ao comer uma comida saborosa e saudável.

Algumas pessoas enxergam a comida como um inimigo do emagrecimento – enxergam a negação de seu apetite como uma forma de chegar ao peso ideal. Mas, ao pular refeições, comer porções muito pequenas ou limitar drasticamente os tipos de alimentos, elas estão, na verdade, encorajando o corpo a armazenar gordura, e não a perder. Se apenas comessem mais, de uma forma nutricional bem equilibrada, poderiam perder peso *e* apreciar o prazer de comer.

Comida deliciosa e saudável não significa comida insípida – é uma festa para os olhos, o olfato e o paladar. Visualize a grande variedade

---

* N.T.: *Smoothie* é uma combinação de sucos de fruta, frutas, sorvetes ou iogurte e outros ingredientes especiais.

de cores das frutas e dos vegetais, desde o vermelho brilhante da maçã, do alaranjado da cenoura, do amarelo das bananas ao verde do pimentão, o bordô-escuro da berinjela e o amarelo-escuro do maracujá; pense, por exemplo, nos diferentes tipos e tamanhos de um linguado e de um atum, ou de uma ervilha e de uma abóbora; imagine o aroma fresco de um limão, a fragrância intensa de uma manga madura, o aroma de dar água na boca de uma torta de maçã ou de um frango sendo assado; finalmente, evoque a variedade enlouquecedora de texturas – por exemplo, a crocância de uma noz, a suavidade de um queijo curado e cremoso ou a maciez interior e a casca sequinha de um pão francês. Essas comidas fazem mal à saúde? É claro que não! Algumas, como a torta de maçã e o queijo, podem ser, se comidas em excesso. Mas, se você souber apreciá-las com moderação, elas poderão fazer parte de uma dieta saborosa e saudável. Procure usar da variedade para estimular o paladar e lembre-se: comida saudável não precisa ser insípida.

Quando você vai a um restaurante, tudo ao seu redor contribui para o prazer da refeição – o lugar em que você se senta, a decoração da mesa, a iluminação, o ambiente. O mesmo deve se aplicar quando você come em casa. Se você está acostumado a comer sentado no sofá, vendo televisão, tente mudar seu hábito e sente-se à mesa, focando assim sua atenção na comida. Faça um esforço para arrumar a mesa de forma atraente, mesmo se estiver comendo sozinho. Tudo que precisa é de uma toalha elegante, talheres adequados, guardanapos limpos e talvez uma flor no centro da mesa. Procure fazer de cada refeição um momento especial. Quando tiver convidados, pode caprichar um pouco mais e usar uma bela toalha de mesa, combinando com os guardanapos, seus melhores pratos e talheres, decorar a mesa com velas e flores naturais, e diminuir a luz acima da mesa para criar uma atmosfera mais informal. Esses toques acrescentam um prazer estético à refeição e ajudam a digestão, mostrando o prazer de fazer uma refeição sem pressa e sem estresse.

Existe um grupo cada vez maior de entusiastas ao redor do mundo chamados de "slow foodies" (cuja filosofia é arranjar tempo para saborear o alimento, tornando o cotidiano mais prazeroso), que gostam de preparar, cozinhar e comer comida saudável. Eles adoram estender-se após o almoço, jantar ou até mesmo após o lanche. O movimento "Slow Food" teve início na Itália e seu símbolo é um caracol (lesma). Eles promovem o prazer descansado e deliberado de apreciar o alimento em seu estado natural, ou o mais próximo possível do natural. Isso não significa que a comida seja crua, mas não deve ser processada ou cozida demais; a ideia é maximizar tanto a ingestão nutricional quanto o sabor do alimento.

Adotar radicalmente a filosofia "slow food" pode parecer impraticável (seria utópico para muitos de nós fazer refeições demoradas todos os dias), mas é possível cozinhar e comer em casa, de forma saudável, de acordo com os princípios do "slow food". Mesmo que você costume passar o mínimo de tempo possível na cozinha, leia. Vou mostrar como criar refeições deliciosas de forma bem simples, para você ter mais tempo para o social e apreciar a experiência de comer! Experimente minha fórmula e comprove.

VOCÊ REALMENTE PRESTA ATENÇÃO NO QUE ESTÁ COMENDO OU SIMPLESMENTE COME SEM PRESTAR ATENÇÃO? TALVEZ, NOS ÚLTIMOS TEMPOS, VOCÊ ESTEJA COMENDO SEMPRE A MESMA COISA E UMA MUDANÇA PODERIA SER BENÉFICA. DA "TIGELA DE MELÃO DA ANN" AO "KEDGEREE DE ARRASAR", DO "MEXIDO DE FRUTOS DO MAR" ÀS "BARRINHAS DE FRUTAS", ESCOLHI MINHAS RECEITAS FAVORITAS PARA COLOCAR AS REFEIÇÕES RÁPIDAS DE VOLTA À MESA DO CAFÉ DA MANHÃ, ALMOÇO, LANCHE E JANTAR. É TUDO MUITO SAUDÁVEL E DELICIOSO. EXPERIMENTE!

As Receitas

Café da Manhã Vitalizante

O café da manhã é a refeição mais importante do dia, mas geralmente dedicamos menos tempo a ele do que a qualquer outra refeição, muitas vezes tomando um cafezinho rápido ou simplesmente não comendo nada.

O jejum noturno, durante o sono, ocasiona uma queda de açúcar no sangue, que deixa seu cérebro com falta de glicose. Se você não tomar seu café da manhã, não terá como repor a glicose, e essa deficiência afetará sua memória e concentração de forma negativa. As pessoas que pulam essa refeição também têm tendência a engordar, pois não dão o "pontapé inicial" em seu metabolismo e acabam consumindo mais gordura na tentativa de aumentar o nível de açúcar no sangue. Um estudo recente com 500 voluntários saudáveis na Universidade de Cardiff, no País de Gales, demonstrou que os que não faziam uma boa refeição logo pela manhã tinham uma tendência maior para gripes e resfriados.

O café da manhã deveria suprir os nutrientes essenciais necessários para o dia todo. Tente fazer uma refeição nutritiva de forma simples e rápida de preparar. Procure variar o que vai comer e considere o café da manhã como uma forma de estimular o paladar logo cedo. Seja quente ou fria, essa refeição é uma ótima forma de começar o dia.

Cada receita inclui os três nutrientes mais importantes dos ingredientes.

LEVANTE E VÁ DE IOGURTE
(1 porção) *Proteína, cálcio, EFAs**

1 xícara de iogurte natural
1 punhado de frutas vermelhas, como morango, framboesa, groselha, jabuticaba, mirtilo, etc.
Amêndoas inteiras (a gosto)
Mel natural (opcional)
1 colher de chá de sementes moídas, como girassol, gergelim, semente de abóbora, linhaça dourada

---

* N.T.: EFAs são ácidos graxos essenciais não produzidos pelo nosso corpo, além de ser um potente antioxidante, que combate os radicais livres, retardando o envelhecimento precoce das células.

Coloque o iogurte em uma tigela, misture as frutas, algumas amêndoas e regue com um fio de mel (se desejar). Jogue as sementes por cima e sirva.

SALADA DE FRUTA QUENTE
(1-2 porções) *Fibra, antioxidantes, cálcio*

1 porção de frutas secas variadas
½ litro de suco de maçã puro
Mistura opcional de especiarias, como canela, noz-moscada, etc.
Iogurte natural (a gosto)
1 porção de castanhas moídas (nozes, amêndoas, pecãs, etc.), opcional

Deixe as frutas secas de molho no suco de maçã durante a noite. Pela manhã, ferva essa mistura por 10 a 15 minutos, adicionando uma pitada da mistura de especiarias (se desejar). Sirva quente, com iogurte, e salpicado com as castanhas moídas.

MINGAU DOS TRÊS URSOS
(SEM DEIXAR NADA PARA CACHINHOS DOURADOS!)
(1-2 porções) *Fibra, proteína, cálcio*

1 xícara de aveia orgânica em flocos
1 xícara de leite (ou outro líquido de sua preferência)
1 ½ xícara de água
½ xícara de frutas secas, como ameixa, tâmara, damasco, uva passa, figo, etc.
Mel natural, a gosto
Canela em pó, a gosto

Coloque a aveia, o leite (ou o outro líquido) e a água em uma panela e leve para ferver em fogo baixo, mexendo de vez em quando, até chegar ao ponto desejado. Coloque o mingau em uma tigela, pique as frutas secas e salpique-as por cima. Regue com um fio de mel e finalize com um pouco de canela em pó.

OMELETE MATINAL

(4 porções) *Proteína, antioxidantes, complexo de Vitamina B*

2 colheres de sopa de azeite extra virgem
100 g de cogumelos, fatiados
2 tomates grandes, picados em pedaços grandes
5 ovos caipiras, batidos
1 colher de sopa de leite (ou outro líquido de sua preferência)
Sal marinho
Pimenta-do-reino em grão moída na hora
1 colher de sopa de orégano picado
50 g de queijo Cheddar ralado
Orégano fresco para polvilhar, opcional

Aqueça o azeite em uma frigideira pequena e refogue os cogumelos fatiados até ficar levemente dourados. Adicione os tomates cortados e refogue. Em uma tigela, coloque os ovos, o leite (ou o outro líquido), o sal, a pimenta e o orégano até ficar uma mistura leve e fofa. Adicione a mistura de cogumelos e tomate. Cozinhe a omelete em temperatura média por cerca de 5 minutos ou até que a parte de baixo fique dourada (você pode verificar, levantando devagar a ponta com uma espátula). Salpique o queijo ralado por cima da omelete e leve ao forno para gratinar. Com cuidado, transfira para um prato aquecido e corte em fatias. Se quiser, enfeite com um pouco de orégano fresco e sirva com torrada de pão integral ou francês.

KEDGEREE DE ARRASAR

(4 porções) – *Proteína, complexo de carboidratos, antioxidantes*

250 g de filé de hadoque defumado
1 cebola pequena picada
1 dente de alho picado
1 colher de chá de *garam masala* (uma mistura picante de temperos usada na culinária indiana)
1 colher de chá de azeite extra virgem
Suco de ½ limão
4 tomates picados
½ xícara de salsinha e coentro picados e misturados
Pimenta-do-reino
225 g de arroz basmati marrom (basmati = arroz indiano apresentado em duas variedades: branco e marrom)
1 colher de sobremesa de *pinoli* torrado ou castanha de caju, opcional
2 ovos cozidos cortados em quatro, para decorar
2 tomates, cortados em quatro, para decorar
Talos de coentro fresco para decorar

Escalde rapidamente o hadoque defumado em água suficiente para cobri-lo, por cerca de 10 a 15 minutos ou até que fique macio – a carne deve se partir facilmente quando tocada com o garfo. Escorra a água e desfie os filés, removendo toda a pele. Refogue a cebola, o alho e o *garam masala* em azeite extra virgem por cerca de 5 minutos. Adicione o suco de limão, os tomates picados, a salsinha, o coentro e a pimenta-do-reino. Cozinhe por mais 5 minutos em fogo brando. Adicione o arroz e o peixe na panela, mexa tudo e transfira para um prato aquecido. Se quiser, salpique *pinoli* ou castanha de caju e enfeite com os ovos cortados, os tomates e os talos de coentro. Esse prato fica delicioso quando servido com uma cesta de pães variados.

Almoços Luxuriantes

Mesmo que tenha tido um café da manhã abundante, não se sinta tentado a pular o almoço. Se fizer isso, à tarde, os níveis de açúcar vão cair drasticamente, ocasionando dor de cabeça, ou você vai acabar beliscando bobagens cheias de calorias "vazias".

A maioria das pessoas tem pouquíssimo tempo para preparar o almoço, mas isso não significa que deva comer sanduíches todos os dias. Procure fazer um almoço com proteínas, alguns carboidratos e muitos vegetais e frutas frescas. Refeições com proteínas no almoço o deixarão bem desperto durante a tarde, enquanto um almoço à base de carboidratos, como uma massa, provavelmente o deixará sonolento. Os carboidratos têm um efeito sonífero, então procure comê-los à noite.

Eis algumas receitas simples, fáceis de fazer e que podem ser preparadas logo pela manhã – ou até mesmo na noite anterior.

ARENQUE AO LIMÃO
(1-2 porções) *EFAs, fibra, complexo de vitamina B*

2 filés de arenque ou truta defumada
2 colheres de sopa de azeite extra virgem
1 colher de sopa de suco de limão
Pimenta-do-reino
Rodelas finas de cebola
Rodelas de limão
Ramos de salsinha fresca

Corte os filés de arenque (ou truta defumada) em tiras e coloque em uma tigela. Em outra tigela, misture o azeite, o limão e bastante pimenta-do-reino. Jogue essa mistura sobre as tiras de peixe. Coloque na geladeira de um dia para outro. Na hora de servir, coloque em um prato com as rodelas de cebola, decore com as fatias de limão e ramos de salsinha e sirva com pão integral.

TRAVESSA VEGETARIANA
(4 porções) *Fibra, complexo de carboidratos, antioxidantes*

Utilize os mais diferentes tipos de vegetais da estação, como: batatinhas; aspargo; abobrinhas; minimilho; minicenouras; quiabo; ervilha torta; buquês de brócolis; pimentões verde, vermelho e amarelo fatiados; tomate-cereja; talos de aipo, etc.
Folhas frescas de manjericão para guarnecer
Grissinis ou torradas

Molho:
½ xícara (60 ml) de vinagre balsâmico
1 colher de sopa de azeite extra virgem
1 colher de sopa de mostarda Dijon

Cozinhe as batatinhas no vapor até que fiquem macias. Cozinhe os demais vegetais no vapor até que fiquem cozidos, porém ainda crocantes. Resfrie os vegetais na água fria e disponha-os em uma travessa grande. Cubra e leve à geladeira. Na hora de servir, prepare o molho. Tire a travessa da geladeira e espalhe o molho por cima dos vegetais. Enfeite com folhas de manjericão fresco e sirva com as torradas.

HOMUS
(6-8 porções) *Proteína, EFAs, antioxidantes*

1 lata de grão-de-bico (sem a água)
2 dentes de alho, esmagados
Suco de ½ limão
2 colheres de sopa de azeite extra virgem
2 colheres de sopa de *tahine* (pasta de gergelim)
3 colheres de sopa de iogurte natural
½ colher de chá de cominho
Pimenta-do-reino
Salsinha fresca para enfeitar

Bata todos os ingredientes (menos a pimenta e a salsinha) no liquidificador até que vire um purê consistente. Adicione pimenta a gosto, enfeite com salsinha fresca. Ideal para servir com a Travessa Vegetariana (veja acima).

WRAPS LIGHT

(1 porção) *Complexo de carboidratos, proteína, antioxidantes*

1 pão sírio integral, cortado em duas metades no sentido do comprimento
1 colher de sopa de extrato de tomate
Uma cobertura, como: páprica doce e tomate; atum e milho fresco; molho pesto e folhas frescas de manjericão, etc.
1 colher de sopa de queijo Cheddar ralado

Espalhe o extrato de tomate nas duas metades do pão e coloque uma cobertura de sua preferência. Salpique o queijo ralado por cima. Enrole cada uma das metades e prenda com um palito de dente. Coloque em uma travessa e leve ao forno quente até que fique crocante (cerca de 15 a 20 minutos). Sirva quente ou frio.

TIGELA DE MELÃO DA ANN

(4 porções) *Proteína, EFAs, antioxidantes*

4 peitos de frango cozidos, sem pele
4 talos de aipo com folhas
4 xícaras de camarões grandes, cozidos e limpos
Sal marinho
Pimenta-do-reino moída na hora
2 melões Gália maduros
Folhas de salsinha para enfeitar

Molho:
2 colheres de sopa de óleo de colza (óleo vegetal)
2 colheres de sopa de óleo de amendoim
2 colheres de sopa de óleo de castanha
2 colheres de sopa de vinagre de vinho branco
2 colheres de sopa de mostarda em grão
½ colher de chá de mel natural

Cobertura:
1 xícara de *fromage frais light*
2 colheres de sopa de *pinoli* torrado

Pique os talos de aipo e os peitos de frango em pedaços pequenos. Separe as folhas do aipo. Coloque tudo em uma tigela grande com os camarões. Tempere com sal marinho e pimenta preta. Coloque todos os temperos em outra vasilha e misture-os bem. Jogue essa mistura por cima da mistura de frango e coentro, e deixe na geladeira para marinar. Corte os melões no sentido horizontal e tire todas as sementes. Retire a polpa do melão em pedaços grandes. Corte um pedaço da lateral da casca de cada metade do melão. Retire o aipo marinado, o frango e os camarões da geladeira e misture os pedaços de melão. Recheie as cascas de melão com essa mistura e coloque-as em um prato para servir. Deixe alguns pedaços cair no prato pela lateral cortada do melão. Cubra tudo com *fromage frais*, sal e pimenta-preta a gosto e salpique com *pinoli* torrado. Enfeite com folhas de salsinha e sirva com rolinhos de pão integral.

SALADA CÍTRICA
(4 porções) *Complexo de carboidratos, proteína, antioxidantes*

300 g de arroz integral
2 colheres de sopa de óleo de castanha
2 colheres de sopa de suco de laranja espremido na hora
3 colheres de sopa de *pinoli* torrado
2 laranjas, sem casca, divididas em gomos
4 peitos de frango cozidos,* sem pele e desfiados
2 colheres de sopa de nozes picadas (como amêndoas, castanhas-do-pará, pecãs)
2 colheres de sopa de folhas de hortelã, picadas
Pimenta-do-reino moída na hora
Raminhos de hortelã para decorar

Coloque o arroz em uma panela com água fervente e cozinhe até que fique macio. Escorra, regue com um pouco de óleo de castanha e reserve. Coloque o suco de laranja fresco e o restante do óleo em uma tigela grande. Adicione 2 colheres de sopa de *pinoli* torrado e todos os outros ingredientes. Misture tudo. Acrescente no arroz. Salpique o restante do *pinoli* torrado por cima da salada e enfeite com hortelã fresca.

---

*Experimente filés quorn [um tipo de proteína alimentícia, sem carne na sua composição, existente no mercado de importados] ou camarões frescos como uma alternativa deliciosa!

Jantares Deliciosos

Para muitas pessoas, o jantar é a principal refeição do dia. Mas isso não significa que deva ser um banquete superelaborado, rico em comida pesada. Na verdade, deve ser exatamente o contrário. Ao planejar o jantar, pense em qualidade e não em quantidade, porque esta deve ser a refeição mais leve do dia – saudável e nutritiva, sem comprometer o sabor.

Vejamos por quê. Primeiro, comer muito à noite significa ingerir uma quantidade substancial de calorias em um horário em que não gastamos muita energia – ou seja, antes de dormir. Como resultado, nosso corpo vai considerar como gordura todas as calorias não utilizadas entre o jantar e a hora de dormir, – aumento de peso. Segundo, comer aumenta o coeficiente metabólico, elevando a temperatura do corpo. Uma hora antes de dormir, a temperatura do corpo precisa diminuir para ajudar a nos preparar para o sono. Então, se comermos muito à noite, a elevação de temperatura do corpo vai comprometer seriamente nosso sono.

Eis algumas receitas deliciosas que poderão satisfazer seu apetite sem sobrecarregar seu estômago.

ENTRADA

ROLINHOS DE RICOTA COM ABOBRINHA
(1 porção) *Fibra, complexo de carboidratos, antioxidantes*

1 abobrinha
Spray de azeite extra virgem
½ pimentão vermelho
2 colheres de sopa de ricota
1 colher de chá de molho pesto
Folhas de rúcula
Sal grosso
Pimenta-do-reino moída na hora

Raspas de parmesão
Tomate-cereja

Corte a abobrinha, em tiras bem finas, no sentido do comprimento, e cozinhe em uma panela untada com azeite de oliva, até que fiquem douradas dos dois lados. Tire da panela e deixe esfriar. Tire as sementes do pimentão e corte-o em fatias no sentido do comprimento e cozinhe do mesmo jeito que a abobrinha. Em cima de cada fatia de abobrinha, coloque uma camada de ricota e uma de pesto. Arrume uma fatia de pimentão vermelho e tempere com sal e pimenta, finalizando com a folha de rúcula. Enrole cada fatia de abobrinha, tomando cuidado para não deixar o recheio escorrer. Para servir, coloque os rolinhos em folhas de rúcula. Decore com raspas de parmesão e tomate-cereja.

PRATOS PRINCIPAIS

PAPILLOTE DE PEIXE
(1 porção) *Proteína, EFAs, antioxidantes*

1 porção de filé de peixe, como salmão, bacalhau, perca do mar, etc.
Ervas frescas, como manjericão, orégano, salsinha
Especiarias, como páprica, cúrcuma, gengibre fresco, etc.
Pimenta-do-reino
Coberturas como tomates picados, tiras de pimentão verde e vermelho ou fatias de limão

Corte um quadrado de papel manteiga de 25 x 25 centímetros e coloque o peixe no centro. Tempere o peixe com as ervas, especiarias e pimenta a gosto. Coloque as coberturas que preferir. Feche a folha em forma de papillote e cozinhe em forno quente por 15 a 25 minutos, até que o peixe esteja macio. Sirva com batatas e vegetais ou arroz e salada.

VEGETAIS MEDITERRÂNEOS
(1 porção) *Fibra, complexo de carboidratos, antioxidantes*

Vegetais da estação, como aspargo, abobrinha, erva-doce, berinjela, mandioquinha, pimentão verde, vermelho ou amarelo, etc.
Dentes de alho, descascados, a gosto

Cebola roxa, descascada e cortada em pedaços
Tomates orgânicos
Sal marinho, pimenta-do-reino
Azeite de oliva extra virgem
Folhas frescas de manjericão

Afervente as raízes por cerca de 10 minutos. Tire as sementes (se necessário) e pique os outros vegetais em pedaços grandes. Coloque tudo em uma assadeira com os dentes de alho inteiros, os pedaços de cebola e os tomates. Tempere e regue com azeite de oliva. Asse em forno quente por 30 a 45 minutos. Quando pronto, guarneça com folhas frescas de manjericão e sirva com massa integral ou pão.

MEXIDO DE FRUTOS DO MAR
(1 porção) *Complexo de carboidratos, proteínas, EFAs*

75 g de arroz integral ou selvagem, cozido
1 punhado e meio de vegetais, como minimilho, pimentão, cogumelo, broto de feijão, castanhas, minicebolas, etc., cortadas em pedaços
1 punhado de frutos do mar, como camarão, mexilhão, lula, mariscos, filé de peixe fresco cortado em pedaços
1 pimenta "olho de peixe", sem semente e picada em pedacinhos
1 colher de sopa de gengibre fresco, ralado
Sal marinho, pimenta-do-reino moída na hora
Molho de soja
1 colher de sopa de óleo de colza
Sementes de gergelim para decorar

Aqueça o óleo em uma panela *wok*, em fogo alto. Coloque os vegetais e cozinhe em fogo de brando para alto, por cerca de 5 minutos, mexendo. Adicione os frutos do mar, a pimenta e o gengibre e cozinhe por mais 5 minutos, mexendo sempre. Em seguida, coloque o arroz cozido, tempere com sal, pimenta preta e molho de soja a gosto e deixe fritar por mais 5 minutos. Salpique com sementes de gergelim e sirva com rolinho crocante de pão integral.

FRANGO (OU QUORN) COM RICOTA
(1 porção) *Proteína, antioxidantes, Complexo de Vitamina B*

1 filé de peito de frango ou filé de quorn
1 colher de sopa de ricota
1 tomate-caqui, em fatias finas
Folhas frescas de manjericão
Pimenta-do-reino

Divida o peito de frango no meio, sem separar as partes (corte borboleta). Aqueça a frigideira e frite o frango até ficar dourado. Recheie com a ricota, o tomate e as folhas de manjericão. Continue cozinhando em fogo baixo até ficar bem cozido. Guarneça com manjericão fresco e pimenta-do-reino. Sirva sobre uma porção de arroz ou massa, com salada verde.

SALSA DE ATUM
(1 porção) *Proteína, EFAs, antioxidantes*

1 filé de atum

Molho (a salsa):
½ papaia, sem pele, sem semente e picada
½ manga, sem pele, sem caroço e picada
1 limão
½ pimentão vermelho picado, sem semente
Folhas de coentro fresco

Grelhe o filé de peixe em uma panela ou em uma chapa pincelada com azeite de oliva e faça a salsa: coloque as frutas e o pimentão vermelho em uma tigela, adicione o suco de meio limão, um pouco de coentro picado e misture tudo. Fatie o restante do limão. Guarneça o peixe com fatias de limão e folhas de coentro. Sirva com o molho, uma mistura de folhas e massa ou batatas.

FRITADA DE MILHO VERDE
(4 porções) *Proteína, fibra, antioxidantes*

1 cebola, picada bem fino
1 dente de alho, esmagado
1 talo de aipo, picado bem fino
4 cogumelos, picados bem fino
1 colher de sopa de azeite de oliva extra virgem
1 abobrinha, picada bem fino
1 pimentão vermelho, picado bem fino
5 ovos caipiras grandes
2 colheres de sopa de leite desnatado
1 lata de milho verde, sem a água
Salsinha picada
4 colheres de sopa de queijo Cheddar, ralado
Sal marinho
Pimenta-do-reino

Coloque cebola, alho, aipo, cogumelos e azeite de oliva em uma frigideira pequena e refogue até ficar macio. Misture a abobrinha e o pimentão vermelho e cozinhe até que comece a dourar. Em uma vasilha, quebre os ovos, despeje o leite, adicione sal e pimenta-do-reino e bata bem até obter uma mistura homogênea e espumosa. Adicione os vegetais cozidos nessa mistura de ovos. Coloque o milho, um pouco de salsinha picada e metade do queijo. Tempere bem. Coloque essa mistura na frigideira, mexendo sempre. Deixe em fogo baixo por 5 a 10 minutos ou até que esteja quase pronto. Salpique o restante do queijo por cima e coloque a frigideira sob um *grill* aquecido por um minuto para derreter o queijo e ficar levemente dourado. Decore com salsinha fresca e sirva com folhas de rúcula e tomate fatiado.

SOBREMESAS

PAPILLOTES DE FRUTAS
(1 porção) *Fibra, antioxidantes, potássio*

Uma seleção de frutas da estação, como tâmaras, ameixas, figos, maçãs, peras, morangos, framboesas, pêssegos, etc.
Especiarias, como canela, cravo, anis, noz-moscada, etc.
Suco de fruta fresca, como laranja ou suco de maçã
1 cálice de vinho ou licor de sua preferência (opcional)

Prepare as frutas: descasque e tire as sementes das frutas maiores e corte em pedaços; use as frutas menores inteiras. Coloque-as em uma tigela. Acrescente as especiarias, o suco e a bebida alcoólica (se quiser), e mexa bem. Corte um pedaço de papel manteiga de cerca de 20 centímetros e coloque a mistura no centro. Feche a folha, fazendo um papillote. Asse em forno quente de 15 a 20 minutos. Sirva em tigelas com iogurte, lascas de queijo ou sorvete e nozes picadas.

FIGOS RECHEADOS
(1 porção) *antioxidantes, Complexo de Vitamina B, cálcio*

1-2 figos frescos
1 colher de sopa de iogurte grego (iogurte de leite de cabra) por figo
Mel natural
Pistache ou amêndoas picadas
Hortelã fresca

Faça um talho em cruz na parte de cima do figo e abra em quatro. Coloque em um prato. Com uma colher, coloque o iogurte dentro do figo, regue com mel por cima e salpique as nozes. Enfeite com as folhas de hortelã frescas e sirva.

FRUTAS GRELHADAS
(4 porções) *Fibra, antioxidantes, cálcio*

1 abacaxi maduro, sem casca, sem o talo, fatiado
1 manga, sem casca e sem caroço
1 nectarina, sem caroço, cortada em quatro
1 pêssego, sem caroço, cortado em quatro
3 damascos, cortados em quatro

Açúcar de confeiteiro, canela em pó e 1 limão cortado em quatro, para decorar

Cobertura:
Iogurte grego
Raspas de ½ limão

Aqueça a forma e asse as frutas separadamente por 3 a 4 minutos, reservando-as. Peneire um pouco de canela e açúcar nos pratos de servir (pratos aquecidos). Arrume uma porção de frutas grelhadas no centro de cada prato e jogue uma colher de sobremesa de iogurte grego por cima. Salpique raspas de limão e enfeite com os pedaços de limão. Sirva imediatamente.

Lanches e *Smoothies*

Quantas vezes você já ouviu o conselho: "Não coma entre as refeições"? Muito bem, gostaria que apagasse essa ordem da sua cabeça e começasse a diminuir as quantidades nas refeições principais e incluísse dois lanches nutritivos entre elas. Por quê? Bem, com a idade, seu metabolismo fica mais lento, mas comer menos e mais vezes ajuda a prevenir essa queda, mantendo o metabolismo em bom funcionamento mesmo durante a velhice. Além disso, também ajuda a manter estável o nível de açúcar no sangue e evita que fique tão faminto a ponto de devorar o primeiro doce de açúcar refinado que lhe cair nas mãos.

Acostumei meus filhos a tomar um lanche todos os dias às 11 horas da manhã. Isso liga o espaço entre o café da manhã e o almoço, e garante que comerão novamente em tempo de evitar os ataques de fome antes do almoço. Experimente comer alguma coisa leve nesse horário. Quatro da tarde é outro horário que costuma "bater aquela vontade de comer" – então faça outro lanche nesse horário. Isso vai lhe sustentar até a hora de jantar. Algumas pessoas também dormem melhor se comerem um pouco ou tomarem alguma coisa antes de dormir – o ideal é que seja algo rico em proteína para abastecer o organismo com triptofano, um aminoácido que ajuda o sono.

Depois que se acostumar a esses lanches, você não vai conseguir imaginar como conseguiu viver sem eles até agora. Utilize minhas receitas para facilitar o hábito de parar para fazer essas refeições rápidas – a maioria delas pode ser preparada em casa e levada para o escritório (se isso às vezes não for possível, pode substituir por uma fruta).

TORONJA GRELHADA

(1 porção) *Fibra, antioxidantes, potássio*

½ toronja fresca
Mel natural, a gosto

Solte e separe os gomos da toronja, mas não os tire da casca. Regue a fruta com mel natural. Coloque sob um *grill* para dourar. Sirva imediatamente.

ENCONTRO ÀS ESCURAS *(figura ao lado, copo da direita)*

(1 porção) *Proteína, complexo de carboidratos, fibra*

1 xícara de iogurte natural *light*
½ xícara de leite desnatado (ou outro líquido de sua preferência)
1 banana grande
4 tâmaras sem caroço
1 colher de chá de mel natural
1 colher de sopa de *tahine* (pasta de gergelim)

Coloque todos os ingredientes no liquidificador e bata até ficar bem espumoso. Coloque em um copo alto e sirva imediatamente.

SMOOTHIE ENERGÉTICO

(figura ao lado, copo da esquerda)
(1 porção) *Complexo de carboidrato, fibra, complexo de Vitamina B*

1 banana, ou qualquer outra fruta grande e macia
1 colher de sopa de uma mistura de sementes (girassol, gergelim, semente de abóbora e linhaça dourada)
1 colher de chá de mel natural
Leite (ou outro líquido de sua preferência)

Coloque todos os ingredientes no liquidificador e bata até ficar macio e espumante. Coloque em um copo alto e sirva imediatamente.

Nota: Pode ser tomado no café da manhã, quando estiver com pressa ou não puder ingerir sólidos.

BARRINHAS DE FRUTA
(12 barrinhas) *Proteína, fibra, antioxidantes*

280 g de gordura vegetal
300 ml de suco puro de maçã
450 g de aveia em flocos grandes
50 g de semente de girassol e de abóbora (misturadas)
50 g de frutas secas picadas, (como, por exemplo, damasco, tâmara, uva passa, etc.)
50 g de nozes picadas
1 colher de chá de mel (opcional)
1 colher de chá de canela (opcional)

Pré-aqueça o forno na temperatura média. Misture suavemente a gordura vegetal, o suco concentrado de maçã e o mel (se quiser) em uma panela. Adicione todos os outros ingredientes e mexa bem até formar uma massa homogênea. Transfira a mistura para uma assadeira antiaderente, alise com uma faca e deixe assar por cerca de 25 minutos, ou até que fique dourado. Corte em 12 pedaços, ou em 24 pedaços menores, e deixe esfriar. Guarde em um recipiente hermeticamente fechado.

Quadro Nutricional

NUTRIENTE	FONTE (DAS RECEITAS DESTE LIVRO)
EFAS (ÔMEGA-3A e ÔMEGA-6S)	óleo prensado a frio, peixe rico em gordura (somente ômega-3) (por exemplo: arenque, cavala, salmão, sardinha, atum), sementes (linhaça dourada, girassol, abóbora, gergelim)
COMPLEXO DE CARBOIDRATOS	frutas, batatas, legumes, grãos integrais (como arroz, por exemplo), pão integral, cereais integrais, massa integral
FIBRA	banana, feijão, frutas secas, aveia, cebola, ervilha, quorn, pão integral
PROTEÍNA	amêndoas, frango, ovos, peixe, leite, aveia, quorn, soja, iogurte
VITAMINA A/BETA-CAROTENO	vegetais de folhas verde-escuras, frutas secas, ovos, laranja, frutas de polpa amarela (como mangas), vegetais e tomate
VITAMINA C	damasco, jabuticaba, brócolis, couve de Bruxelas, repolho, cereja, frutas cítricas, uva, goiaba, couve, kiwi, manga, cebola, papaia, salsinha, pimentão, morango, milho verde, tomate, agrião
VITAMINA E	amêndoas, aspargo, óleos prensados a frio (inclusive de amendoim e de colza), vegetais verde-escuros, ovos, homus, aveia, amendoim, sementes (especialmente girassol), produtos de soja, tomate, grãos integrais

BENEFÍCIOS

Responsáveis pela produção de energia. Ajudam o corpo a eliminar excesso de água e gordura. Ajudam na prevenção de alguns tipos de câncer. Diminuem os sintomas da artrite e podem ajudar a diminuir a depressão. Os ácidos gordurosos do óleo de peixe protegem o sistema cardiovascular, afinam o sangue e previnem o entupimento das artérias.

Aumenta a produção de serotonina do cérebro, a química do bem-estar, responsável pelos sentimentos de calma e energia positiva. (Se o nível de serotonina cai, nosso humor piora e os níveis de energia baixam.) Libera o açúcar aos poucos, proporcionando níveis balanceados de açúcar no sangue

Mantém a saúde dos intestinos – ajuda na prevenção de câncer do intestino e da Síndrome do Intestino Irritável.

Provê a base que forma o nosso corpo. Essencial para renovação e manutenção das células; produção de enzima; crescimento e desenvolvimento das crianças.

Antioxidante. Localizada no tecido gorduroso e no fígado. Auxilia o sistema imunológico. Essencial para renovação saudável da pele, do cabelo e das unhas, e ajuda a manter a saúde da visão.

Antioxidante. Como o corpo não consegue acumular esse nutriente, é necessário ingerir alimentos ricos em vitamina C para repor as necessidades diárias. Essencial para fortalecimento do sistema imunológico. Forma tecido conectivo, ossos e dentes saudáveis. Auxilia a absorção de ferro. Ajuda na cura de ferimentos.

Antioxidante. Estimula e regenera o sistema imunológico. Mantém a pele saudável e diminui os efeitos do envelhecimento. Protege contra doenças cardíacas e câncer. Aumenta o nível de esperma nos homens. Afina o sangue e protege as artérias.

NUTRIENTE	FONTE (DAS RECEITAS DESTE LIVRO)
VITAMINA B1	amendoim, quorn, semente de girassol, massa integral
VITAMINA B2	amêndoas, queijo (inclusive Cheddar e de cabra), frango, cogumelo
VITAMINA B3	frango (sem pele), ovos, peixe, semente de girassol
VITAMINA B5	cenoura, ovo, amendoim, soja, semente de girassol, grãos integrais
VITAMINA B6	abacate, banana, cenoura, peito de frango (sem pele), arroz, salmão, soja, semente de girassol, atum, nozes
VITAMINA B12	queijo Cheddar, ostras, ovos, peixe
VITAMINA D	ovos, tilápia, arenque, salmão, sardinha, truta, atum
COENZIMA Q10	brócolis, nozes, peixe rico em gordura (especialmente cavala ou sardinha), espinafre, alimentos integrais
CÁLCIO	grãos em vagem, pão, queijo, frutas secas, vegetais de folhas verdes, leite, nozes (especialmente amêndoas), aveia, salsinha, semente de papoula, camarão, sardinha (inclusive as espinhas), semente de gergelim, tofu, iogurte
CROMO	queijo, ovos, frutos do mar, grãos integrais
COBRE	grãos em vagem, lagosta, vegetais de folhas verdes, avelã, lentilha, azeitona, ervilha, grãos integrais
IODO	ovos, peixe, leite, frutos do mar, semente de girassol
FERRO	arroz integral, caju, frango, frutas secas e ervas, gengibre, aveia, cebola, salsinha, semente de gergelim, grão de soja

BENEFÍCIOS

Essenciais para manutenção da saúde do sistema nervoso e do endócrino; para recuperação e reconstrução dos tecidos; e para produção de energia e digestão. Solúveis em água.

Acalma os nervos cansados e diminui os níveis de estresse. Essencial para absorção de cálcio e fósforo pelo organismo.

Facilita o processo de produção de energia. Tem propriedades antioxidantes que protegem o corpo contra doenças, como deficiência cardíaca, câncer, infertilidade e distrofia muscular. Eleva naturalmente o desempenho esportivo.

Essencial para fortalecer massa óssea e dentes. Protege contra a osteoporose. Importante para função muscular, nervosa e coagulação sanguínea. Trabalha em conjunto com o magnésio.

Equilibra os níveis de açúcar no sangue.

Antioxidante. Localiza-se no sangue, nos ossos e no fígado; contudo, o organismo precisa de uma pequena quantidade desse nutriente.

Essencial para bom funcionamento da tireoide.

Aumenta a resistência contra infecções e ajuda na cura de ferimentos. Componente vital das células vermelhas, dando-lhes capacidade de transportar oxigênio para as várias partes do corpo. Sua absorção necessita de vitamina C.

NUTRIENTE	FONTE (DAS RECEITAS DESTE LIVRO)
POTÁSSIO	banana, frutas secas, alho, nozes (especialmente castanha-do-pará, caju, avelã, *pinoli*, noz), camarão, grãos, tomate
LECITINA	ovos, peixe, aveia, amendoim, arroz, grão de soja
LICOPENO	toronja, tomate, melancia
MAGNÉSIO	castanhas (especialmente castanha-do-pará, caju, avelã, *pinoli*, pinhão, nozes), aveia, salsinha, camarão, semente de gergelim, semente de girassol
MANGANÊS	abacate, mirtilo, avelã, aveia, pecã, chá
SELÊNIO	castanha-do-pará, queijo, frutas secas, ovos, lentilha, leite, cogumelos, massa, arroz, sementes, mariscos (incluindo camarão), grãos integrais, iogurte
ZINCO	arroz integral, caju, frango, lagosta, ovos, peixe rico em gordura, ostras, parmesão, *pinoli*, camarão, quorn, sementes (especialmente de papoula, abóbora e girassol), grãos integrais, pão integral

BENEFÍCIOS
Ajuda a neutralizar os efeitos de uma dieta alta em sódio. Trabalha com o sódio para regular os fluidos corporais. Regula o batimento cardíaco, a pressão sanguínea e o sistema nervoso.
Reduz a pressão alta e os níveis de colesterol. Ajuda a dissolver cálculo biliar.
Ajuda na prevenção de vários tipos de câncer e doenças cardíacas.
Antioxidante. Metaboliza cálcio e sintetiza vitamina D. Importante para manutenção da saúde do coração. Alivia cãibras musculares.
Aumenta a utilização de ferro no corpo, diminuindo doenças como a anemia.
O principal mineral antioxidante. Trabalha em combinação com a vitamina E para reforçar as funções do sistema imunológico. Estudos controlados demonstram que um suplemento diário de 22 mcg protege contra câncer de próstata, pulmão e colorretal, doenças do coração e envelhecimento prematuro.
Antioxidante. Vital para o funcionamento do sistema imunológico. Trabalha em conjunto com o cálcio para fortalecer os ossos, ajudando a prevenir osteoporose. Essencial para a saúde do sistema reprodutivo, da fertilidade e do desenvolvimento fetal. Mantém a pele saudável.

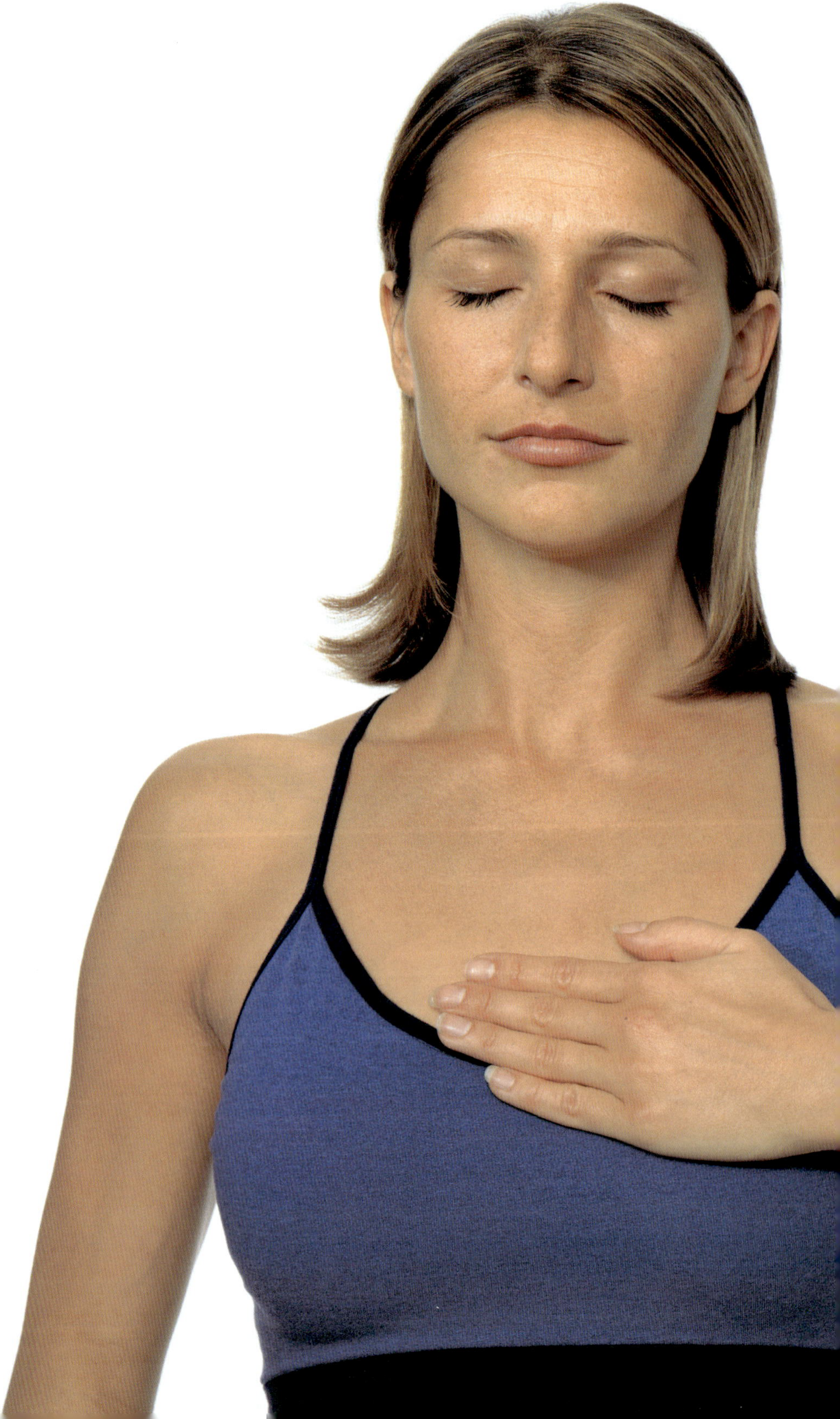

Tempo para Mim

"Tempo para mim" é o tempo que sobra para você após o trabalho, os exercícios, a família e os compromissos domésticos. Para algumas pessoas isso pode parecer brincadeira ou, no máximo, uma vaga lembrança.

Mas é importante compreender que o tempo que passamos sozinhos ou com amigos, longe das responsabilidades diárias, é essencial para a autopreservação, particularmente nos dias agitados de hoje.

Criar um tempo para si mesmo – para caminhar, andar, sonhar, meditar, bater papo com um amigo ou simplesmente descansar – não precisa ser uma fantasia. Antes, encare como um investimento em sua saúde e felicidade. Os exercícios e sugestões deste capítulo o conduzirão de forma tranquila, da micromeditação, passando pela cura da aura e terapia do riso, até o sono mais profundo e reparador.

O ESTRESSE DA VIDA SE ALOJA NA MENTE E NO CORPO POR CAMINHOS SUTIS, DOS QUAIS NEM SEMPRE NOS DAMOS CONTA. ENTÃO, UM BELO DIA, PERCEBEMOS QUE NÃO CONSEGUIMOS LEMBRAR QUANDO FOI A ÚLTIMA VEZ QUE NOS SENTIMOS ENERGIZADOS, EM PAZ, OU MESMO SEM DORES OU MÁGOAS. AUTOCURA É A ARTE DE USAR O TOQUE, A RESPIRAÇÃO E O PODER DA MENTE PARA MELHORAR SUA QUALIDADE DE VIDA. NÃO HÁ GONGOS, SINOS OU TÚNICAS! SOMENTE VOCÊ E UM LUGAR TRANQUILO PARA A SUA PRÁTICA.

AUTOCURA

Mãos Que Curam

MÃO NO CORAÇÃO

Esse exercício é similar ao usado no Reiki (uma técnica japonesa de cura, baseada na imposição das mãos). Pratique em qualquer lugar, vendo televisão ou mesmo durante uma reunião, para aliviar o corpo cansado ou para acalmar a mente ansiosa.

1. Sente-se confortavelmente no chão ou em uma cadeira. Faça duas respirações profundas, pelas narinas. Os olhos podem estar abertos ou fechados. Mantenha o corpo imóvel durante o exercício. Observe sua mente e seu corpo "se aquietando".

2. Coloque uma das mãos no peito sobre o coração e faça com que ela dirija a energia vital para onde quer que seu corpo ou sua mente necessitem. A outra mão fica repousada sobre sua perna. Suas mãos podem ficar muito quentes ou muito frias, como resultado da energia de cura que emana delas. Você pode notar a diminuição de seu batimento cardíaco.

3. Depois de 1 ou 2 minutos, inspire profundamente pelas narinas e expire de uma vez, pelo nariz ou pela boca. Solte as mãos, balance-as, e volte sua atenção para o mundo exterior.

CURE SEUS JOELHOS

As articulações dos joelhos suportam o peso de seu corpo, ano após ano. Esse exercício proporciona um meio de restabelecer a força dos joelhos, curando-os por meio do direcionamento da energia para essa região.

1. Sente-se em uma cadeira, com as solas dos pés no chão, palmas das mãos sobre os joelhos e dedos apontados para baixo.

2. Relaxe e respire pelas narinas. Agora, envie energia de cura através de suas mãos para os joelhos. Não há uma técnica especial para se fazer isso – é realmente tão simples como parece. Lembre-se, se é que é preciso, de que todos podemos dar e receber energia de cura pelas nossas mãos – pais com filhos pequenos sabem muito bem disso.

3. Continue respirando pelas narinas. Permaneça relaxado. Observe qualquer mudança de temperatura em suas mãos ou seus joelhos. Permita que sua mente vagueie; você não precisa de concentração intensa durante esse exercício.

4. Depois de dois minutos, inspire profundamente e expire de uma vez, pelo nariz ou pela boca. Relaxe as mãos, sacuda-as, e volte a atenção para o mundo exterior. Repita todos os dias, especialmente se sofrer de dores nos joelhos.

❗ *Não faça esse exercício se você tiver as articulações dos joelhos inflamadas por causa da artrite reumatoide.*

Micromeditações

OBSERVANDO SUA RESPIRAÇÃO

Esse exercício de micromeditação utiliza a respiração para focar sua mente. Ele ajuda a serenar os pensamentos e regula sua respiração em uma tranquilidade mais profunda.

1. Sente-se em uma cadeira de espaldar, ou sobre uma almofada, com as pernas cruzadas, no alto ou no chão. Se utilizar uma cadeira, encoste bem as costas e apoie o peso sobre os ísquios. Coloque as mãos sobre os joelhos, com as palmas voltadas para baixo. Mantenha ombros e coluna eretos. Respire normalmente.

2. Feche os olhos e leve a atenção à sua respiração. Mentalmente, siga cada respiração entrando pelas narinas, chegando aos pulmões e voltando a sair pelas narinas. Observe sua respiração tornar-se gradualmente lenta e profunda.

3. Depois de 5 segundos, abra os olhos. Normalize a respiração. Permaneça sentado por alguns instantes antes de voltar sua atenção para o dia a dia.

OBSERVANDO SEUS PENSAMENTOS

Utilize esse exercício para reduzir a "tagarelice" mental, eliminando os pensamentos confusos e "arquivando" os que são realmente importantes.

1. Sente em uma cadeira, ou no chão com as pernas cruzadas, em frente à uma parede branca. Repouse as mãos no colo. Mantenha os olhos abertos.

2. Respire normalmente – não prenda nem foque sua atenção na respiração. Deixe que sua mente viaje livremente.

3. Observe seus pensamentos se formarem e se esvanecerem, mas não se distraia com eles. Se algo importante lhe ocorrer nesse momento, não se atenha a esse pensamento. Ao contrário, separe-o em um "arquivo mental". Observe seus pensamentos dessa forma por 5 minutos. Ao final, reveja mentalmente os pensamentos arquivados e depois deixe que eles se vão.

Carregue as Baterias de Sua Aura

Todos nós temos uma aura, um campo de energia eletromagnética que se irradia de nosso corpo em um formato oval. Uma das partes dessa forma oval se estende acima de nossa cabeça e a outra, abaixo de nossos pés. A aura é composta de faixas coloridas que brilham suavemente ao redor de nosso corpo – quase como as faixas de um arco-íris, só que com cores mais translúcidas. A aura é parte do "corpo sutil". Enquanto a visão convencional do corpo físico nos diz que ele é formado de matéria, como ossos, órgãos e tecidos, o corpo sutil é uma alternativa para a autopercepção – no que diz respeito à "energia vital" intangível que flui dentro de nós e ao nosso redor.

A maior parte das pessoas não consegue ver a aura, mas algumas, extremamente sensíveis à energia do outro, podem não somente ver a aura, como também trabalhar no sentido de cura e equilíbrio. Se você for uma dessas pessoas afortunadas o bastante para enxergar a aura, poderá ver uma faixa de luz branca brilhante ou azul-clara a partir da pele, envolvendo a pessoa. Essa faixa, mais próxima do corpo, representa o estado de saúde – uma aura clara e brilhante é sinal de bem-estar e uma aura escura e fosca demonstra que pode haver um problema de saúde.

Qualquer doença, trauma físico ou procedimento cirúrgico pode romper sua aura e criar "buracos" nela. Essas fendas podem aumentar significativamente o tempo de recuperação de uma doença. Felizmente existem técnicas de autoajuda para fechar esses buracos, utilizando a capacidade de cura das mãos (as mãos são importantes centros doadores e receptores de energia). Para "fechar essas fendas" da aura após um ferimento ou uma cirurgia, coloque a palma da mão sobre a ferida, sem tocá-la. Em seguida, simplesmente mova sua mão em círculos, enquanto foca sua mente na intenção positiva de acelerar o processo de cura.

A aura reflete tanto a saúde física quanto os estados mental e emocional. Se você está estressado, deprimido ou tem uma visão negativa da vida, sua aura parecerá triste, obscura. Por outro lado, se você tiver um modelo mental positivo, sua aura parecerá radiante, atraindo toda sorte de energia, situações e pessoas positivas, protegendo-o das energias negativas. Sua aura se encontra em um fluxo constante, pois ela reflete seu humor e estado mental. Por exemplo, se você meditar ou fizer algo de que realmente gosta – como tocar um instrumento ou dançar –, sua aura resplandecerá de forma brilhante. Mas, se você, por exemplo, entrar em uma discussão destrutiva com seu parceiro, sua aura se desvanecerá em melancolia. Nos exercícios seguintes, explico como trabalhar sua aura a fim de torná-la clara e brilhante.

CARREGANDO AS BATERIAS DE SUA AURA

Esse exercício [ilustrado na página seguinte] fortalecerá o campo energético ao redor do seu corpo, dando-lhe uma sensação de confiança e bem-estar.

1. De pé, pernas abertas na largura dos quadris, joelhos dobrados, inspire, estabilize o centro e, ao expirar, vá curvando a coluna vagarosamente em direção aos pés.

2. Vá elevando o tronco, desenrolando a coluna vértebra por vértebra, com as palmas das mãos voltadas para cima, para trazer a energia para cima, dos pés para o rosto. Você consegue sentir um fluxo de energia positiva? Repita mais duas vezes. Tente agora o movimento inverso – com as palmas das mãos voltadas para baixo, empurre a energia do queixo em direção ao chão. Como você se sente agora? O movimento para cima revigora sua aura, e o movimento para baixo diminui a energia. Termine levando sua energia para cima, com um movimento rápido. Inspire profundamente e expire. Acenda seus faróis (ver pág. 33) e pronto! Você já pode enfrentar seu dia!

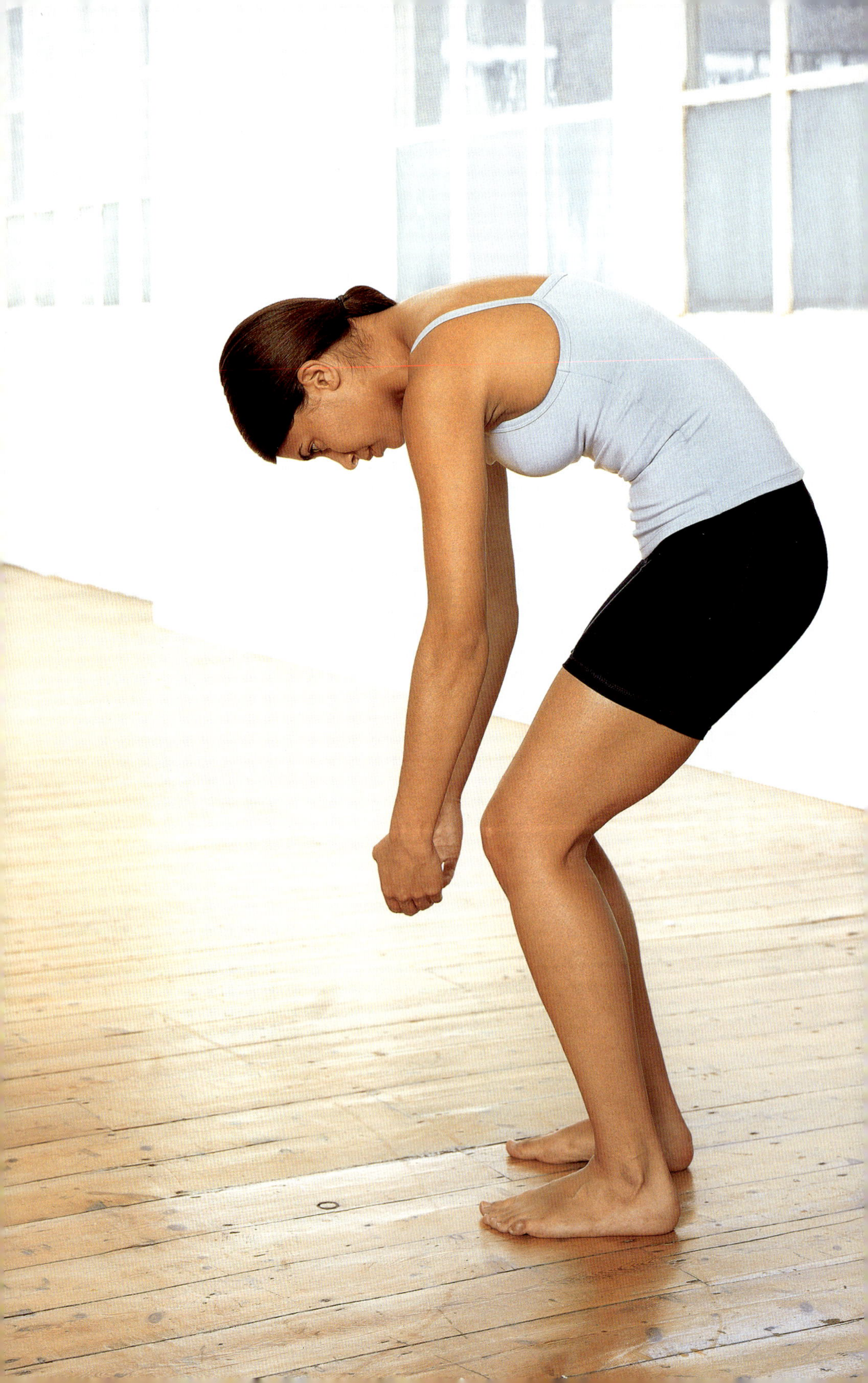

FECHANDO A AURA

Esse é um exercício de visualização de aura que pode ser usado para protegê-lo quando estiver com pessoas ou situações negativas. Você pode praticá-lo sempre que quiser se sentir mais positivo.

1. Sente, fique em pé ou deite em uma posição confortável. Inspire profundamente, mantenha os pulmões cheios por 5 segundos e expire vagarosamente, deixando sair toda e qualquer tensão.

2. Feche os olhos e visualize uma lâmina dourada fina envolvendo todo seu corpo, dos pés até o topo da cabeça. O dourado é uma cor protetora – seu reflexo e pureza evitam que energias negativas penetrem em sua aura.

3. Agora você está envolto em uma cápsula dourada que se expande ao seu redor. Você está a salvo de todas as coisas negativas. A única negatividade que pode afetá-lo é a que vem de dentro de você, portanto, certifique-se de que seus pensamentos e intenções sejam positivos. Permaneça na cápsula o tempo que desejar.

VIVEMOS DE FORMA TÃO AGITADA QUE É POSSÍVEL PASSAR SEMANAS SEM QUE TENHAMOS TEMPO PARA UM PASSEIO AGRADÁVEL EM UM LUGAR TRANQUILO, OU PARA "MORRER DE RIR" DE ALGO QUE ACHAMOS ENGRAÇADO, OU SIMPLESMENTE TER A CERTEZA DE UMA NOITE DE SONO TRANQUILA. NESSE ASPECTO, PROCURO MOSTRAR ALGUMAS MANEIRAS DE VIVER DE FORMA MAIS POSITIVA, ENCONTRANDO TEMPO PARA SE AMAR MAIS, VALORIZAR OS OUTROS E REALIZAR SEUS SONHOS.

Vivendo Positivamente

Elevando a Autoestima

Como você reage quando alguém lhe faz um elogio? Você sorri e diz "obrigado" ou se sente envergonhado e rapidamente responde com algo negativo sobre si mesmo? Elogios são presentes maravilhosos, gostosos de receber e ainda mais gratificantes de dar. Como qualquer presente, não se deve "atirá-lo" de volta; então, por que não aceitar um elogio como aceitaria qualquer belo presente – com gratidão, entusiasmo e amor?

A habilidade de aceitar elogios e sucesso está profundamente enraizada no senso de autoestima. Muitas pessoas acham que autoestima significa vaidade – mas não é nada disso. Autoestima significa respeito por nós mesmos e capacidade de aceitar ou corrigir nossas falhas. Vaidade, por outro lado, significa querer atenção constante e pensar que somos mais importantes que os outros.

O primeiro passo para a autoestima é silenciar a voz crítica interior que diz que somos gordos demais, ou magros demais, ou não somos tão bonitos, tão bem-sucedidos ou tão ricos quanto gostaríamos de ser. Na prática, você vai perceber que pode economizar tempo e energia se simplesmente parar de se criticar por não ser bom o bastante. Perceber que pode cometer erros exatamente como qualquer outra pessoa pode ser emocionalmente positivo – você pode começar a se elogiar e, mais importante, a aceitar e realmente acreditar nesses elogios. Na página ao lado, sugiro algumas formas simples e engraçadas de se fazer isso.

Uma das melhores coisas sobre o desenvolvimento da autoestima é que você não precisa mais da aprovação dos outros sobre seus merecimentos – ao contrário, você passa a ser capaz de gerar sua própria aprovação. Isso o coloca em uma posição muito mais forte nos relacionamentos. Em vez de estar sempre dependente da aprovação dos outros – ou à mercê de críticas –, você relaxa, confiante na certeza de que aprecia seus relacionamentos pelo que eles realmente são. Você vai parar de sentir medo de rejeição e, em vez de invejar o sucesso alheio, passará a celebrá-lo.

Você também se tornará mais generoso com seus sentimentos e elogios, pois aprende que não perde nada em dá-los.

Outro grande (e geralmente inesperado) efeito colateral do aumento da autoestima é que você se sente muito melhor quando diz "não" para as coisas que não pode ou não quer fazer. Você conhece seus limites e pode mostrá-los aos outros de forma firme e confiante. E, de repente, você passa a ter mais tempo para você!

AMANDO A SI E AOS OUTROS

Muitos de nós passamos a vida nos recriminando por algum motivo, seja pela nossa aparência ou pelo fato de não termos conseguido tudo o que queríamos na vida. As seguintes sugestões podem ajudar você a ser mais condescendente e amável consigo mesmo e com os outros.

- Faça uma lista de todas as suas boas qualidades, não importa quão pequenas ou insignificantes elas possam parecer. Lembre-se delas com frequência. Sempre que puder, aumente a lista.

- Plante a semente do amor próprio, dizendo para si mesmo todos os dias: "Eu me aprovo, eu me amo".

- Sentimentos de inveja e ressentimentos são grandes barreiras para o desenvolvimento pessoal. Tente dar valor para o talento e o sucesso dos outros, mantendo-se confiante sobre suas realizações pessoais.

- Lembre-se da importância de elogiar os outros. Receber um elogio sincero pode fazer uma grande diferença no humor e na autopercepção de uma pessoa. A cada dia tente melhorar o dia de alguém.

- Livre-se de mesquinharias e de pensamentos negativos. Faça o exercício de micromeditação da pág. 157.

- Cumprimente as pessoas de forma positiva, sorrindo para elas e mostrando interesse verdadeiro.

- Agradeça quando lhe fizerem um favor, mesmo que seja pequeno. Quanto mais respeito e gratidão você tiver com os outros, mais receberá em troca.

- Passe seu tempo com gente positiva que o faça se sentir realmente bem. Pessoas negativas vão sugar sua energia. Se possível, fuja delas! Se não puder, feche sua aura (ver pág. 161)

- Reserve um tempo para relaxar o corpo e se educar fisicamente com exercícios regulares.

- Lembre-se de que algumas vezes você precisa parar de se esforçar e simplesmente "ser". Como escreveu o novelista americano Nathaniel Hawthorne (1804-1864): "Felicidade é uma borboleta que quando perseguida fica fora do alcance de suas mãos; mas, se você se sentar tranquilamente, ela pode pousar sobre sua cabeça".

- Comece a viver agora. Torne importante tudo o que você faz, dando total atenção às suas ações – seja ler um livro, tomar banho ou preparar uma refeição. Mergulhar no presente pode fazer de cada momento um instante especial.

- Ensine a si mesmo a arte de dizer "não". Olhe as pessoas nos olhos e fale com firmeza, mas sem rispidez. Se você tiver uma justificativa real para o seu "não", exponha-a, mas não se sinta obrigado a se explicar quando não for necessário. Algumas vezes as pessoas precisam ouvir um simples e direto "não".

- Uma boa técnica que pode ajudar bastante é a estratégia de responder a pedidos absurdos sempre com a mesma frase. Se você persistir, sairá ganhando. No começo, o outro pode se irritar por você ser tão simplista, mas não perca a calma porque é fácil se ater ao seu roteiro.

Rindo para a Vida

Quando foi a última vez que você deu uma boa gargalhada – daquelas de se dobrar de rir, de ficar sem fôlego? Se não se lembra, então essa pode ser a hora de investir na terapia do riso. Rir tem um efeito maravilhoso na mente e no corpo. Faz com que seu cérebro libere endorfina – a substância do bem-estar que tem um efeito calmante e analgésico (a endorfina também é liberada durante exercícios cardiovasculares e sexo prazeroso). Rir de verdade também dá um trabalho extra para o sistema respiratório, porque obriga você a expelir todo o ar residual dos pulmões em uma velocidade maior, e a fazer inspirações profundas que vão inundar seu corpo de oxigênio. Quando você ri, sua circulação melhora, o coração é exercitado e você queima calorias – todos os benefícios que você teria normalmente caminhando, correndo ou nadando.

"Rir é o melhor remédio." Esse é um ditado antigo, mas muitos estudos atuais têm se reportado a ele. Rir faz com que o sistema imunológico aumente o número e a atividade dos linfócitos, que buscam e destroem células infectadas ou anormais. Se seu sistema imunológico estiver trabalhando de forma eficiente, você estará menos vulnerável a tudo, desde resfriados até câncer – e, se adoecer, recuperar-se-á mais rapidamente e melhor. Cada vez mais se comprova que atitude mental positiva tem efeito direto sobre a saúde física. Os pacientes com câncer que mantêm o senso de humor lidam melhor com a doença do que os que se rendem à depressão. Norman Cousins, autor de *Anatomy of an Illness* [Anatomia de uma Doença], ficou famoso por ter recuperado a saúde por meio do riso. Ao descobrir que tinha uma doença dolorosa e degenerativa, ele tomou a decisão incomum de rejeitar a medicina convencional e tratar-se com uma dieta diária de espetáculos de comédia. Ele observou que, enquanto ria, esquecia sua dor. Gradualmente seus sintomas foram diminuindo até se ver livre da doença. Apesar de este ser um exemplo incomum, os efeitos de alívio da dor pelo riso estão sendo bem documentados – muitas pessoas que sofrem de artrite relatam que rir é uma das melhores formas de alívio dos sintomas.

Contudo, talvez a melhor coisa sobre rir seja a habilidade de fazer com que você sinta o puro prazer, a alegria e a satisfação de estar vivo. Quando você ri, é impossível sentir tristeza, desesperança ou depressão. Sorrir diante de uma situação difícil pode dissipar rapidamente o estresse – pesquisas demonstram que durante o riso o nível de estresse hormonal do corpo diminui sensivelmente. O riso tem também benefícios cognitivos: em um estudo da Universidade de Oxford, os estudantes obtiveram um resultado melhor nos testes de múltipla escolha quando as questões eram intercaladas com desenhos ou perguntas engraçadas.

TERAPIA DO RISO

Senso de humor é uma das melhores barreiras contra estresse, depressão e doenças. Eis algumas formas de começar a enxergar o lado engraçado da vida.

- Comece a sorrir para as pessoas. Você vai descobrir que na maioria das vezes você recebe um sorriso de volta, o que é fantástico para levantar o astral.

- Passe mais tempo com crianças. Observe como elas brincam e riem naturalmente. Brinque você também. Faça pelo menos uma coisa por dia sem nenhuma obrigatoriedade – brinque de balanço ou com um ioiô. Como disse o autor americano *sir* Oliver Wendell Holmes (1809-1894): "Nós não paramos de brincar porque envelhecemos, nós envelhecemos porque paramos de brincar".

- Cultive a arte de brincar com as pessoas de forma simpática e agradável. Encontre também maneiras de rir de si mesmo.

- Se sentir raiva, ansiedade ou depressão, procure enxergar o lado engraçado das coisas. Quando tudo parece estar dando errado, é fácil cair na negatividade. Rir das situações difíceis ajuda a desarmá-las e a colocar você de volta no controle. Decida não levar a vida tão a sério.

- Acostume-se a ver os aspectos humorísticos da vida diária. Diga sempre para si mesmo: "O que é que tem de fantástico, engraçado ou incomum nisso?". Observe as inconsistências, os absurdos, os duplos sentidos, as sutilezas ou incongruências que o fazem sorrir. Aponte-os para outras pessoas, para que possam rir também.

- "Você se lembra quando nós..." Faça uma pausa para lembrar as coisas engraçadas que aconteceram com você e sua família ou seus amigos.

- Descubra o que faz você rir – seja comédia pastelão ou sátira – e cerque-se de vídeos divertidos, revistas, livros e pessoas que pensam da mesma forma. Se você gosta de comédias "stand-up",*coloque sempre um desses espetáculos em sua agenda.

- Se você vir algo engraçado em livro, revista ou jornal, recorte ou copie. Coloque em um lugar visível – como na mesa de trabalho, por exemplo –, para outras pessoas, para que possam rir também.

---

* N.T.: Gênero de comédia baseado em textos que tratam de reflexões cotidianas e neuroses urbanas e que privilegia o humorista de "cara limpa", ou seja, apenas um pedestal com microfone.

O Poder da Caminhada

Caminhar, além de ser uma boa forma de exercício, dá tempo e liberdade para pensar. Enquanto os exercícios Pilates do Capítulo 1 têm o objetivo de aumentar sua força e flexibilidade, caminhar traz outros benefícios. O mais importante é o trabalho cardíaco. É por isso que caminhar – assim como nadar ou correr – é descrito como um exercício cardiovascular (ou aeróbico). À medida que acelera o passo, seu coração começa a bater mais depressa e o sangue é bombeado mais rapidamente pelo seu corpo. Se você andar regularmente, em um passo suficientemente rápido, seu coração, como qualquer outro músculo de seu corpo, se tornará mais forte e mais eficiente. O resultado: você vai caminhar mais depressa e por mais tempo sem sentir cansaço ou falta de fôlego; você vai emagrecer, melhorar o metabolismo, sentir mais energia e ter músculos mais fortes. (Você sabia que enquanto caminha exercita cerca de 250 músculos?) Em longo prazo, você vai aumentar sua expectativa de vida e diminuir pela metade o risco de doenças cardíacas.

Fazer exercícios regularmente não significa apenas manter a boa forma, mas é também um dos melhores antídotos contra o estresse. Mais de cem estudos demonstram que o exercício aeróbico frequente (ao menos três vezes por semana) ajuda a acalmar e eliminar ansiedade. No começo, depois de uma sessão de exercícios, você vai sentir essa tranquilidade por um pequeno período, mas os estudos mostram que, se você mantiver um programa regular de exercícios de dez semanas ou mais, a sensação de tranquilidade dura o dia todo, deixando você menos estressado. Exercitar-se é também um excelente antidepressivo – muitas pessoas que conhecem suas tendências para depressão utilizam a caminhada para manter o ânimo estável. Até mesmo sua memória se beneficia com o exercício regular, porque a atividade física aumenta o suprimento de oxigênio do cérebro e favorece as químicas cerebrais relativas ao pensamento e à lembrança.

O Poder da Caminhada

Para mim, uma das coisas mais mágicas no caminhar é o contato com a natureza. Estar ao ar livre, olhar o céu, inspirar ar puro, é uma forma rápida de revitalizar meu espírito e acalmar minha mente. Se estou "esquentando a cabeça" com algum problema ou tendo algum bloqueio de criatividade, sinto que durante a caminhada surgem soluções e novas ideias. Há ainda a vantagem adicional que caminhar nos anima a tomar um pouco de sol, que é a maior fonte de vitamina D. Mesmo que você more na cidade, faça um esforço e saia para um passeio diário no parque mais próximo – sua mente, corpo e espírito se beneficiarão com o bálsamo calmante da natureza.

AQUECENDO E ACALMANDO

Antes de iniciar uma caminhada, ou qualquer exercício aeróbico, é necessário se aquecer. Tente o seguinte exercício que alonga os tendões de Aquiles e os músculos das pernas. Comece caminhando devagar e vá aumentando seu passo gradualmente.

1. Ajoelhe-se com os glúteos apoiados nos calcanhares. Eleve o joelho esquerdo e coloque a sola do pé esquerdo no chão, ao lado do joelho direito. Coloque as palmas das mãos no chão, à sua frente. Inspire, expire e incline-se para a frente, mantendo o calcanhar esquerdo no chão. Mantenha o alongamento por 20 segundos e repita com a perna direita.

2. De pé, de frente para uma parede a uma distância de 4 a 5 passos, pés alinhados com os quadris. Expire, apoie as mãos na parede e incline seu corpo à frente, sem tirar os calcanhares do chão. Sua cabeça, coluna, pélvis, pernas e tornozelos devem estar em uma linha reta. Mantenha o alongamento por 20 segundos.

CAMINHANDO SEGUNGO O F.I.T.

Se você seguir o sistema F.I.T. de caminhada – Frequência, Intensidade e Tempo –, você vai queimar 100 calorias a cada 1.600 metros, acalmar sua mente, aumentar os níveis de energia e melhorar a qualidade de sono.

- Frequência: caminhar de três a cinco vezes por semana.
- Intensidade: rápida. O ritmo respiratório deve aumentar (mas não o suficiente que não consiga conversar) e deve começar a transpirar após 5 minutos. Para aumentar o benefício, caminhe em aclives ou use pesos nos tornozelos.
- Tempo: entre 20 a 60 minutos cada caminhada. Aumente gradualmente em um período de três a seis meses.

Desengavete Seus Sonhos

"Eu espero o inesperado – o melhor ainda está por vir." Essas palavras inspiradoras são da escritora e artista americana Florence Scovel Shinn (1871-1940), cujos ensinamentos metafísicos guiaram minha vida profissional nos últimos 13 anos. Sua mensagem, em poucas palavras, é que você cria aquilo que quer ou acredita. Por exemplo, se você acha que dá azar passar por debaixo de uma escada, isso vai acontecer. A escada não é culpada – suas expectativas negativas é que fazem com que aconteçam coisas ruins. Da mesma forma, você pode fazer com que aconteçam coisas positivas simplesmente acreditando nelas.

Por isso é importante que você saiba o que quer da vida e quais são os seus sonhos. Isso aconteceu comigo. Durante a recessão no início dos anos de 1990, minha família foi obrigada a diminuir o padrão de vida e nos mudamos para a cidade. Apesar de termos que cortar gastos, eu sonhava em construir uma área para abrir meu estúdio Pilates. Felizmente, poucos anos depois, eu me encontrava em uma situação financeira melhor e pude tornar meu sonho realidade. Fiz projetos que precisei enviar para a aprovação da Prefeitura e a partir daí me vi envolvida em uma maratona, sem fim, de alterações, vai e volta de projetos, solicitações de modificações, reapresentação de projetos, até que recebi a aprovação final. Começaram então os problemas com engenheiro, construtores, pedreiros, sem contar os gerentes de banco. Finalmente, quatro anos após a apresentação dos primeiros projetos, meu estúdio estava pronto para ser inaugurado. Meu sonho se realizou. É lógico que durante esse tempo houve momentos em que pensei que meus sonhos jamais se concretizariam. Mas fui em frente, acreditando, alimentando e mantendo firme meu propósito. Mesmo nos momentos mais difíceis, sempre mantive a imagem do meu estúdio em pleno funcionamento.

Chegou a hora de desengavetar seus sonhos. Talvez você já tenha tido a vontade de se expressar de forma criativa – falar, escrever, pintar, dançar ou escrever uma música. Você não é o único. Milhões de homens e mulheres já tiveram esses mesmos sonhos e nunca fizeram nada a respeito. Talvez por medo de não se sentirem capazes, por medo de não terem talento suficiente. Meu conselho é que você não precisa ser o melhor do mundo, ou pensar que só vale a pena realizar seu sonho se for para ganhar a vida com isso.

Como você gasta mais energia para reprimir sua criatividade do que para expressá-la, o que você tem a perder? Talvez você tenha um tipo de sonho diferente – uma casa maior, um emprego melhor ou uma viagem pelo mundo. Não importa quão impossíveis ou distantes seus sonhos possam parecer neste momento, não escute suas críticas interiores – desengavete-os, tire a poeira deles e tenha a coragem de olhá-los novamente. Pegue lápis e papel, ou melhor ainda, compre um caderno de anotações especialmente para essa finalidade, e escreva. Escreva cada sonho em uma página em separado e anote há quanto tempo você tem esse sonho e o que você tem feito para realizá-lo. Agora escolha aquele que você mais deseja e faça um plano de ação para alcançá-lo. Anote os passos que deverá dar para realizá-lo. Por exemplo, se desejar viajar, esses passos devem incluir destino, pesquisa de custos, rotas alternativas, orçamento e plano para economizar o necessário, dentro de um cronograma de tempo realista. E então (e essa em geral é a parte mais apavorante) dê o primeiro passo. Vá em frente, você pode se surpreender!

CRIANDO AFIRMAÇÕES

A maneira de começar a realizar seus sonhos é criar afirmações – frases curtas, simples, que representem para você uma mensagem positiva.

Depois de tirar o pó de seus sonhos, você pode criar afirmações baseadas neles. Por exemplo, se você deseja se tornar mais saudável ou mais bem preparado fisicamente, sua afirmação deve ser: "Cada dia estou fisicamente mais forte". Ou, se seu sonho for desenvolver seu potencial criativo, sua afirmação pode ser: "Cada dia meu talento para pintar (ou escrever, ou cantar, ou qualquer outra atividade) se desenvolve mais".

As afirmações também podem ajudar se você tem sonhos menos específicos. Por exemplo, se você quer ser mais confiante, sua afirmação poderia ser: "Eu tenho força e coragem para lidar com todo tipo de situação"; ou se você quer ser mais amoroso em seus relacionamentos: "A cada dia eu amo mais minha companheira, minha família e meus amigos".

A mente inconsciente tem um poder imenso e aceita, instintivamente, ideias, pensamentos e instruções como verdades absolutas. As afirmações trabalham lançando as sementes do sucesso no inconsciente e uma vez que uma ideia ali se enraíze, começará a agir nesse sentido.

Se você, por exemplo, deseja emagrecer, você pode reforçar esse desejo por meio da repetição de afirmações importantes que fortaleçam sua decisão de comer alimentos mais saudáveis e praticar exercícios regularmente.

Tire um tempo agora para criar suas próprias afirmações, ou use uma de minhas sugestões. Faça afirmações curtas, concisas e nos tempos presente e futuro. Repita cada afirmação para si mesmo, no mínimo dez vezes por dia. Sinta realmente o significado das palavras cada vez que você as repetir. Esteja pronto para se surpreender!

Faça sua afirmação em voz alta. Escreva-a em um pedaço de papel e coloque-a em um local onde possa vê-la o dia todo – na sua mesa de trabalho ou no seu carro. Comece a acreditar nela. Descrença é o maior obstáculo para a realização de seus sonhos. Como diz Florence Scovel Shinn: "Você pode esperar de Deus todas as coisas boas que parecem impossíveis, desde que você não limite os canais".

Doces Sonhos

Uma boa noite de sono tem um profundo efeito no bem-estar físico, mental e emocional. Ao acordar pela manhã, você deve se sentir descansado, alerta e em um clima positivo para enfrentar o dia. Se não dormir direito, você sentirá falta de memória, irritação e incapacidade de concentração para realizar as tarefas mais simples. Você também sentirá desânimo e, com o tempo, ficará mais propenso à depressão e às alterações de humor. As estatísticas ainda mostram que pessoas que não dormem bem sofrem mais acidentes de carro do que motoristas embriagados.

Durante o tempo em que estamos acordados, nosso corpo se esforça para queimar alimentos e oxigênio para gerar energia. Durante o sono, contudo, nosso metabolismo diminui, para conservar energia. Se você não tem um sono adequado, seu corpo reage ligando "o módulo de sobrevivência". Isso significa que, privado do período noturno de conservação de energia, seu metabolismo começa a diminuir o ritmo ao longo do dia. O resultado é que durante o dia você não vai queimar as calorias que deveria e terá maior probabilidade de ganhar peso. Algumas pessoas ainda recorrem a chocolates, batatas chips, bolos e biscoitos como forma de compensar a falta de energia causada pela noite mal dormida, mas isso só agrava ainda mais o problema.

O sono irregular ou a falta de sono deixa a pessoa mais vulnerável a doenças. É tirada do corpo a oportunidade de executar a manutenção essencial e o sistema imunológico para de funcionar de forma eficiente. Pessoas que sofrem de insônia crônica estão propensas a uma série de doenças, inclusive as mais sérias, como o câncer (durante o sono seu corpo aumenta a produção do fator necrosante de tumores, uma substância que protege contra o câncer). Mesmo uma privação moderada de sono reduz os níveis de células brancas do sangue – uma parte importante de nosso sistema imunológico –, deixando-nos mais suscetíveis a infecções, como gripes e resfriados.

E então? O tempo que você dorme é suficiente? A resposta é que cada pessoa é diferente uma da outra e as necessidades de sono tendem a se alterar durante a vida, com as pessoas mais velhas precisando de menos tempo de sono. Um bom ponto de referência é: se uma hora depois de ter levantado você se sentir meio sonolento, então, provavelmente, precisa dormir um pouco mais. Infelizmente esse é o caso da maioria de nós, simplesmente pelo fato de vivermos uma vida muito agitada e estressante. A cada dia aumentam as reclamações nos consultórios médicos a respeito de problemas de sono – mais e mais pessoas têm dificuldade de dormir ou de manter o sono durante toda a noite. Algumas vezes é um problema vivenciado por um período, mas também pode estender-se por meses e até mesmo anos. Felizmente existem muitas técnicas simples e eficientes que podem ajudar a restabelecer ou aumentar os ciclos naturais de sono – experimente-as essa noite!

SOLUÇÕES PARA O SONO

Quando você dorme melhor sua mente fica tranquila e seu corpo, relaxado. Siga esses passos para uma boa noite de sono.

- Vá para cama somente quando sentir sonolência. Os sinais são uma respiração mais profunda e lenta e a sensação de que o corpo está diminuindo o ritmo. Não assista televisão antes de deitar.

- Evite bebidas alcoólicas ou com cafeína à noite. Tome um bom café da manhã e almoce bem, de forma que a última refeição do dia possa ser mais leve. Procure comer três horas antes de dormir.

- Não fique deitado sem dormir por mais de 40 minutos. Levante da cama e faça algo entediante. Não sobrecarregue sua mente com atividades estimulantes.

- Sua cama deve servir para dormir e amar – nada mais.

- Certifique-se de que sua cama esteja quente e confortável, mas que a temperatura do quarto esteja mais fria.

- Faça de seu quarto um lugar agradável para dormir: silencioso, confortável, escuro e seguro.

- Evite tirar sonecas durante o dia, especialmente depois das 15 horas.

- Não vá para cama sentindo-se estressado. Se sentir preocupação, imagine que você tem uma "caixa de preocupações" onde coloca todos os problemas. Imagine-se fechando a tampa e colocando a caixa no fundo de sua mente. Peça para seu inconsciente acessar suas preocupações enquanto você dorme e que lhe mostre as soluções quando você acordar.

- Se você acorda com frequência no meio da noite, é possível que a causa seja um aumento de adrenalina por queda de açúcar no sangue. Para combater isso, evite alimentos que contenham açúcar e farinha branca durante a noite. O suplemento mineral de cromo também pode ajudar a estabilizar o açúcar no sangue. Experimente ingerir 300 a 600 miligramas desse suplemento na refeição da noite.

- Quando estiver na cama, solte a tensão muscular, contraindo os músculos dos pés à cabeça e relaxando em seguida. Relaxe especialmente a tensão das mandíbulas e dos ombros.

- Crie uma rotina noturna para se preparar para dormir. Por exemplo, faça um alongamento leve, tome um banho de banheira com seis gotas de óleo essencial de lavanda, pense no seu dia e reflita sobre as coisas boas que aconteceram. Tente manter a mesma rotina, toda noite.

Agradecimentos

Agradecimentos da autora

Gostaria de agradecer às seguintes pessoas: meu maravilhoso marido Andy – o amor da minha vida – por sua devoção, humor e incentivo constante; a equipe de criação da DBP (Duncan Baird Publishers), especialmente Judy Barratt, Ingrid Court-Jones, Manisha Patel, Gail Jones e Emma Rose; Andy Kingsbury pela excelente fotografia, amizade e encorajamento; Lizzie Lawson e Tinks Reding pelo toque final de glamour e pelas muitas risadas; os modelos Louise Cole, Ryan Elliott, Sandra Jones e Sheri Staplehurst; Ingrid Sørensen, minha primeira cliente e querida amiga; Alex and Jacquie Ebeid – as joias da minha carreira – por todo incentivo positivo, verdadeira amizade e horas e horas de riso; Jan Campbell, minha garota excêntrica do Norte e melhor treinadora do mundo; Diana Mellor pela inspiração e amizade; John Dominic (J.D.) pela bondade, jantares quentes e por tocar harmônica; Gloria, meu "anjo sem asas"; e, finalmente, todos meus alunos e clientes, antigos e atuais, com quem aprendi muito. Obrigada a todos!

Agradecimentos dos editores

Os editores gostariam de agradecer a Elizabeth Haylett da Sociedade dos Autores; Susan Hill, Steve Hurrell, Kirsty Petre e Ann Percival.

Colaboradores

A autora

Ann Crowther é uma das principais autoridades em saúde e estilo de vida. Formada pela Universidade de East London, com treinamento especializado em cinesiologia, nutrição e gerenciamento de estresse, tem 20 anos de experiência na indústria de saúde e bem-estar. O coroamento dessa experiência é a criação de seu próprio

Sistema Pilates especialmente adaptado, que apresenta uma abordagem nova e forte sobre o bem-estar holístico. Tem uma clínica particular na Inglaterra, em Cheltenham, Gloucestershire.

Contato com a autora

Para maiores informações sobre Ann Crowther ou para comprar sua faixas especiais de alongamento, visite o site:

www.anncrowtherlifestyle.com.

Você pode também contatá-la pelo e-mail:

pilatesplusann@hotmail.com.

Consultora literária

Helena Petre é aromaterapeuta clínica, praticante de Reiki e escritora e editora especializada em saúde do corpo e da mente. Ela vive e trabalha na Inglaterra, em Stroud, Gloucestershire.

Nota do Editor

A Madras Editora não participa, endossa ou tem qualquer autoridade ou responsabilidade no que diz respeito a transações particulares de negócio entre o autor e o público.

Quaisquer referências de internet contidas neste trabalho são as atuais, no momento de sua publicação, mas o editor não pode garantir que a localização específica será mantida.

BIBLIOGRAFIA

ALTER, Michael J. *Sport Stretch*. Champaign, Illinois: Human Kinetics, 1990 e Leeds, 1997.

CALAIS-GERMAIN, Blandine. *Anatomy of Movement*. Seattle: Eastland Press, 1993.

CALAIS-GERMAIN, Blandine; LAMOTTE, Andree. *Anatomy of Movement Exercises*. Seattle: Eastland Press, 1996.

DEMENT, William. *The Promise of Sleep*. New York: Delacorte Press, 1999 e London: Pan Macmillan Books, 2001.

ERASMUS, Udo. *Fats that Heal, Fats that Kill*. Burnaby, British Columbia: Alive Books, 1993.

FLYTLIE, Dr. Knut T.; MADSEN, Bjorn F. *Q10 Body Fuel*. Denmark: Forlaget Ny Videnskab, 1994.

GOLDBERG, Natalie. *Wild Mind*. New York: Bantam Books, 1990 e London: Random House, 1991.

GRAY, Henry. *Gray's Anatomy*. London: Parragon, 1995.

HONERVOGT, Tanmaya. *Reiki*. London: Gaia Books, 1998.

JEFFERS, Susan. *End the Struggle and Dance with Life*. New York: St Martin's Griffin, 1997 e London: Hodder & Stoughton, 1996.

KAPIT, Wynn; ELSON, Lawrence M. *The Anatomy Coloring Book*. New York: Harper Collins, 1977.

MACBETH, Jessica. *Moon Over Water*. Bath: Gateway Books, 1990.

MATTHEWS, Andrew. *Being Happy*. Singapore: Media Masters, 1988.

McATEE, Robert E.; CHARLAND, Jeff. *Facilitated Stretching*. Champaign, Illinois: Human Kinetics, 1993 e Leeds, 1999.

NEATE, Tony. *Channelling for Everyone*. Freedom, California: Crossing Press, 1998 e London: Piatkus, 1997.

NORRIS, Christopher M. *Flexibility – Principles and Practice*. London: A & C Black, 1994.

OSTROM, Joseph. *Auras*. London: Thorsons, 2000.

READER'S DIGEST. *Foods that Harm, Foods that Heal*. Pleasantville, New York, 1997 e London, 1996.

REJESKI, W. Jack; KENNEY, Elizabeth A. *Fitness Motivation*. Champaign, Illinois: Human Kinetics, 1988 e Leeds, 1988.

SHINN, Florence Scovel. *The Writings of Florence Scovel Shinn*. Marina del Rey, California: DeVorss Publications, 1988.

SHIVAPREMANANDA, Swami. *Yoga for Stress Relief*. New York: Random House, 1988 e London: Gaia Books, 1997.

SPILLANE, Mary; McKEE, Victoria. *Ultra Age*. London: MacMillan, 1999.

STEWART, Maryon. *The Phyto Factor*. London: Vermilion, 1998.

THIE, John F. *Touch for Health*. Sherman Oaks, California: T. H. Enterprises, 1994.

WEIL, Dr. Andrew. *Eating Well for Optimum Health*. New York: Random House, 2000 e London: Warner Books, 2001.

WILLS, Judith. *The Food Bible*. London: Quadrille, 1998.

Este livro foi composto em Calibri, corpo 11,8/13.
Couche 115g
Impressão e Acabamento
Cromosete Gráfica e Editora – Rua Uhland, 307 – Vila Ema – São Paulo/SP
CEP 03283-000 – Tel.: (011) 2154-1176 – www.cromosete.com.br